LE GÉNÉRAL DE MONTENON

(1844-1919)

LE GÉNÉRAL DE MONTENON

(1844-1919)

Nota. — Cette biographie n'est pas destinée à la publicité et reste strictement privée.

AVANT-PROPOS

La biographie du Général de Montenon aurait gagné à être écrite par un militaire. Un homme de son métier, en effet, aurait mieux saisi le caractère de ce vrai soldat, de ce grand chef, et il aurait tracé son portrait d'une main plus ferme.

On nous a demandé de nous en charger, invoquant des relations qui datent d'un quart de siècle, la confiance que le Général voulait bien nous témoigner, et une collaboration très intime avec lui, au début et à la fin de la Grande Guerre.

Nous n'avons pas cru pouvoir nous dérober.

Puissions-nous avoir réussi à faire revivre cette grande figure ! Nous n'avons pas eu d'autre ambition.

A la femme de notre ami, Madame de Montenon ; à sa fille adoptive, la comtesse de la Villerabel et à ses enfants ; à son frère, le comte Léonce de Montenon, à sa sœur, Madame Pollet, et à leurs enfants, nous dédions cette esquisse.

Nous osons aussi l'offrir, quelque modeste qu'elle soit, à ses camarades, à tous ceux surtout qui, à ses côtés ou sous ses ordres, ont travaillé, ont lutté, se sont sacrifiés pour la gloire et le salut de la France.

8 septembre 1922.

A. R. S. J.

LE GÉNÉRAL DE MONTENON (1)

(1844-1919)

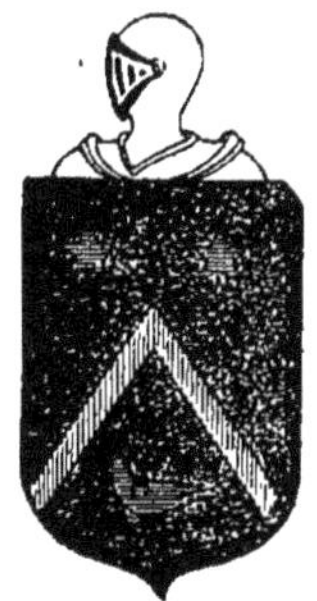

CHAPITRE PREMIER

Traits généraux — Origine — Premières années

Le général de Montenon fut, comme l'a dit un de ses derniers collaborateurs (2), « un soldat dans la plus noble acception du terme ». Deux dates encadrent sa vie militaire : l'Année terrible, 1870-1871, et la Grande Guerre, 1914-1918. Il a subi la sanglante défaite ; il a eu l'honneur et la joie de voir la glorieuse revanche.

Il est une des plus nobles figures de l'armée française, l'une des plus éclatantes manifestations de cet esprit chevaleresque qui constitue le fond de notre race.

Du vrai soldat, Henri de Montenon avait déjà les allures. Grand, sec, élancé, il semblait fait pour enfourcher un che-

(1) Marie-Jacques-Étienne-Henri Geay de Montenon, né le 15 juillet 1844, à Buzançais (Indre).

(2) Le capitaine Morand-Monteil, qui fut le chef d'état-major du général de Montenon pendant tout le temps que celui-ci fut en campagne, puis secrétaire d'ambassade, et qui a repris à Beaune ses fonctions d'avocat.

val et porter un sabre. Le visage, d'une parfaite distinction et d'une grande finesse, mais plutôt sévère, les yeux clairs et vifs, le corps légèrement courbé par l'habitude de se pencher sur son coursier, le pas rapide dénotaient tout de suite l'officier, si bien que même sous l'habit civil, qui semblait pour lui un déguisement d'occasion, les soldats, en le rencontrant, instinctivement, esquissaient un salut militaire.

Grâce à son tempérament, capable de résister à toutes les fatigues de la vie des camps, il est arrivé aux portes de la vieillesse avec une vigueur remarquable, et pourtant il ne s'était guère ménagé. Cavalier toute sa vie, chargé, à l'âge de cinquante-cinq ans, d'un commandement dans l'Infanterie, il se mit à la marche avec un entrain qui émerveillait les Alpins placés sous ses ordres. Pendant les années de sa retraite, il se livrait à la chasse avec l'ardeur d'un jeune homme ; enfin, en dépit de ses soixante-dix ans, il supporta sans faiblir deux années de campagne sur le front.

Henri de Montenon possédait surtout les qualités d'intelligence et de volonté qui font, non pas seulement le soldat, mais aussi le chef. Sans être un homme de lettres, ni un orateur fécond, il avait cet esprit net, pratique, qui saisit vite le but à atteindre et les moyens qui y conduisent. Il avait également le sens de l'éloquence militaire ; il ne craignait pas de prendre la parole, et son verbe, bref, précis, droit comme une épée, vibrant comme un coup de clairon, était lumineux, ferme, touchant ou entraînant, selon les circonstances.

Mais ce qui donna à cette âme de soldat sa valeur caractéristique et sa personnalité, ce fut le sentiment très vif du devoir et de la discipline. Jamais il ne recula devant le sacrifice imposé par l'obéissance militaire. Tant qu'il fut dans les rangs inférieurs, il s'y soumit généreusement. Devenu chef, il travailla à la faire pénétrer dans le cœur de ceux dont il avait la charge, et il y réussit avec un succès que peu de ses camarades ont obtenu au même degré. Sous des dehors plutôt brusques, il cachait un cœur d'or. Dans les différentes formations où il a passé, on le respectait toujours ; mais on ne tardait pas à l'aimer. Sa loyauté et sa bonté inspiraient bientôt un attachement profond et forçaient tous les dévouements. Ses inférieurs lui portaient une vraie affection et, entre ses pairs et lui, régnait la plus franche cordialité.

Un pareil ensemble de qualités ne se trouvent pas réunies dans un homme par l'effet du hasard.

Quand on voit une source jaillir au pied de la montagne, on ignore quelles galeries souterraines elle a parcourues et à travers quelles fissures de rochers elle s'est créé un passage ; mais on sait bien qu'elle vient du glacier dont on aperçoit là-haut la cime ; et la température de l'eau, sa saveur particulière, sa limpidité, ou les sels dont elle est enrichie indiquent la nature des terrains à travers lesquels elle a filtré.

Des lois pareilles, non moins mystérieuses, mais non moins certaines, ni moins efficaces, président à la formation des hommes. Le sang humain circule à travers les générations, chargé de vertus ou de tares, modifié, amélioré ou perverti en cours de route par des facteurs nouveaux qui apportent leur influence, bonne ou mauvaise : éducation première, milieu, climat, action familiale ou personnelle, pour produire enfin, ici, un homme de grande valeur, là, un être médiocre ou un dégénéré.

Henri de Montenon est un des caractères en qui les apports lointains de l'hérédité se manifestent avec le plus d'évidence.

Par son père, il appartenait à une des familles les plus anciennes de l'ouest de la France. On en remonte le cours par les archives privées ou publiques jusqu'au début du XIVe siècle où, à l'année 1305, on voit Itier Geay apporter au sieur de Verteuil le dénombrement de ses biens.

Pendant de longs siècles, plusieurs rameaux se formèrent sur ce tronc vigoureux et, à diverses reprises, des branches cadettes remplacèrent la branche aînée qui disparaissait. On en remarqua surtout, à partir du XVIIe siècle, trois principales, issues de Pierre Geay.

La branche aînée, dite de la Garçonnière, s'éteignit au milieu du siècle suivant.

La seconde, la branche américaine, eut pour auteur Jean Geay qui, après avoir embrassé la religion huguenote, émigra en Angleterre ; plusieurs de ses descendants, passés en Amérique, jouèrent un rôle important dans la formation et les destinées de la grande république des États-Unis.

Enfin, la troisième branche, dite de Courvalette (1) et de Montenon, la seule survivante actuellement en France, est celle dont Henri était le représentant direct et le chef. Son arrière-grand-père, Sylvain Geay, écuyer seigneur de Montenon, figure sur la liste des électeurs de la noblesse aux États généraux de 1789. Son grand-père, Étienne Geay, seigneur de Montenon, magistrat comme la plupart de ses ancêtres, fut, à la Restauration, nommé président du tribunal de Clamecy, dans la Nièvre. En 1830, fidèle à ses principes monarchiques et à ses serments, il donna sa démission et rentra dans la vie privée.

Le fils aîné de celui-ci, Philippe de Montenon, père d'Henri, fut un homme très distingué. Orateur remarquable, très lettré, il acquit une influence considérable dans le Poitou, et la Révolution le trouva en face d'elle quand elle éclata en 1848. Candidat aux élections à la Constituante, il échoua ; mais il serait sûrement entré à la Chambre des députés l'année suivante, s'il ne se fût effacé devant un concurrent de la même opinion que lui, et dont il assura le succès par son zèle désintéressé. Frappé par l'adversité, il ne craignit pas, pour subvenir aux

(1) Le nom de Courvalette apparait pour la première fois en 1725, dans le contrat de mariage de J.-B. Geay, qui est appelé seigneur de Courvalette. Le fils de celui-ci est qualifié sieur de Courvalette et de Montenon, et son petit-fils, seigneur de Montenon.

besoins de sa famille, d'accepter les modestes fonctions de professeur. De nombreux élèves, et, parmi eux, son fils aîné, profitèrent de son savoir et jouirent de l'intérêt qu'il savait répandre sur toutes les matières qu'il abordait.

Henri de Montenon trouvait, dans cette longue lignée de magistrats intègres, d'administrateurs consommés, un noble héritage de traditions puissantes et de solides vertus. Il y puisa ce caractère de rare conscience, de grande énergie, de désintéressement absolu, cet amour austère du devoir qui firent l'admiration de tous ceux qui l'ont connu.

Du côté de sa mère, fille du général baron Dujon, il ne fut pas moins favorisé. Là aussi, il rencontrait de beaux exemples de dévouement, de vaillance et de fidélité à toutes les nobles et grandes causes. Ses aïeux étaient seigneurs lieutenants du Roi en la ville de Loudun, et l'un d'eux occupait encore ce poste à la Révolution de 1789. Son grand-père surtout, le baron Dujon, se fit remarquer dans les guerres de la République et de l'Empire.

Admis, en 1802, à l'âge de seize ans, comme sous-lieutenant au 11e régiment de cavalerie, dont son père était capitaine, le jeune Dujon entra de suite en campagne et prit une part glorieuse à presque toutes les affaires. En Italie, le Premier Consul lui décerna un sabre d'honneur pour sa belle conduite. A Eylau, son courage lui valut, sur le champ de bataille, le grade de chef d'escadron. Pendant la retraite de Russie, il resta constamment à l'arrière-garde, soutenant le choc de l'ennemi avec cette bravoure et ce sang-froid qui sont le cachet des âmes fortement trempées.

Après la chute de Napoléon, le général Dujon fut appelé par le duc de Berry, qui lui demanda s'il était sûr de son régiment. « J'en suis aussi sûr que de moi-même », répondit-il ; et il ajouta : « Jusqu'au dernier moment, je suis resté fidèle à l'Empereur. Aujourd'hui, mon serment m'est rendu ; mon épée est aux Bourbons jusqu'à mon dernier soupir ». Il tint parole et, quand la Révolution de 1830 chassa Charles X, il brisa son épée, en même temps que l'autre aïeul d'Henri, Étienne Geay de Montenon, nous l'avons vu, descendait de son siège de magistrat.

Sa fille, Mme Philippe de Montenon, était digne d'un tel père. Elle seconda si bien son mari dans l'éducation de leur nombreuse famille que, sur onze enfants, trois se consacrèrent à Dieu : Hilaire, le quatrième fils, entra dans la Compagnie de Jésus ; Marthe, l'aînée des filles, dans un couvent de l'Assomption et Élisabeth, dans un monastère du Carmel. Ceux qui restèrent dans le monde se montrèrent fidèles aux principes qu'ils avaient reçus et aux exemples dont ils avaient été les témoins.

C'est dans ce foyer, d'où rayonnaient à la fois les qualités naturelles et les hautes vertus, et où s'exerçait la féconde influence des plus riches traditions ancestrales, que s'écoula l'enfance d'Henri. Il y avait apporté, en naissant, la première grande joie. Il y occupa toujours une place privilégiée. On l'appelait familièrement « le beau Didi ». A mesure qu'il grandissait, petits frères et petites sœurs avaient pour lui presque de la vénération. Il était, dit une de ses sœurs, le plus aimé de ceux de son âge.

Son père lui fit faire lui-même ses premières études, et quand Henri entra comme élève au collège Saint-Joseph de Poitiers, vers l'âge de treize ou quatorze ans, il resta son répétiteur. Tous les matins, à cinq heures et demie, Philippe de Montenon était au pied du lit de son fils, pour lui faire apprendre et répéter ses leçons. Il ne lui laissait que de rares moments de récréation dans la journée, et il le tenait au travail jusqu'à dix heures du soir. Un pareil régime était éminemment propre à préparer de beaux succès et à tremper un caractère ; mais il outrageait toutes les règles de l'hygiène, et il était désastreux pour la santé.

Henri réussit très bien, en effet, dans ses études ; il occupait le premier rang de sa classe et, en 1862, le diplôme de bachelier venait couronner ses efforts ; mais ses forces étaient épuisées et il dut passer une année entière à les réparer.

L'écolier studieux était aussi très bon camarade, et aimé de tous ses condisciples. En dehors du collège, il se livrait volontiers aux exercices violents : à l'équitation, à la chasse surtout, pour laquelle il avait une vraie passion. « Jusqu'à seize ans, écrit un de ses contemporains, j'étais son porte-carnier. Je pris alors mon premier permis et j'étais fier de pouvoir être son compagnon de chasse. » Un jour qu'Henri se livrait à son sport préféré avec un autre ami, celui-ci, au moment du retour, était tellement fatigué qu'il déclara ne pouvoir plus avancer. « Eh bien ! lui dit Henri, monte sur mon dos ! » Et il rapporta ainsi jusqu'à la ville le chasseur et les deux fusils.

Le moment était venu de choisir une carrière. Un fort mouvement orientait, à cette époque, les fils des grandes familles vers la vie militaire. Le souvenir des guerres glorieuses soutenues par la France sous Louis XIV et Napoléon, et plus récemment, dans la conquête de l'Algérie, enthousiasmait ces jeunes gens. Henri de Montenon, d'ailleurs, retrouvait au foyer paternel l'écho de ces épopées nationales. La fille du général Dujon devait se plaire à raconter à ses enfants les émouvants épisodes, les brillants faits d'armes qu'elle avait elle-même recueillis de la bouche de son père. Bercé par de tels récits, impressionné par la grandeur de ces aventures, subjugué par ces héroïques exemples, qui cadraient si parfaitement avec les aspirations de sa riche nature, le jeune bachelier se tourna résolument vers l'armée. Il voulait être soldat, lui aussi, et il se dit qu'il le serait toute sa vie.

Henri se décida pour la cavalerie. C'était à cette arme

que le destinaient ses aptitudes, vers elle aussi le portaient ses goûts. Comme il avait déjà perdu un an à se reposer, et qu'il ne savait pas si sa santé lui permettrait de se préparer à Saint-Cyr, il entra à l'École de Saumur, en qualité d'engagé volontaire, le 26 décembre 1863. Il se mit de suite à l'étude avec un merveilleux entrain et une ardeur acharnée. Quand il n'avait pu, pendant le jour, résoudre ses problèmes, ou repasser ses cours, il consacrait au travail une partie de la nuit. Comme la chambre n'était pas éclairée et que, d'ailleurs, il ne voulait pas troubler le sommeil de ses camarades, il sortait dans le corridor et se plaçait sous la veilleuse, dont la flamme pâle et vacillante lui donnait la lumière à peine suffisante pour distinguer ses chiffres et relire ses notes.

Des efforts si obstinés obtinrent le succès mérité. Aux examens de sortie, le jeune cavalier était classé premier sur quarante-sept concurrents; affecté en qualité de soldat de 2e classe au 1er régiment de carabiniers, il arriva à son nouveau poste le 15 octobre. Le lendemain, il était brigadier, puis, en décembre, brigadier fourrier. Six mois plus tard, il franchissait une nouvelle étape et recevait les galons de maréchal des logis. En mars 1867, il passait au 7e régiment de chasseurs et, le 15 août de cette même année, il rentrait à l'école de Saumur comme élève instructeur. Son ardeur au travail lui valut de sortir, au bout d'un an, second sur quarante-deux. Nommé trois mois plus tard sous-lieutenant au 1er cuirassiers, il rejoignit son régiment à Lyon et le suivit à Marseille, puis à Nancy. C'est là que nous le trouvons dans les premiers mois de l'année 1870. Les grands événements approchaient.

CHAPITRE II

En captivité

Henri de Montenon n'était pas entré dans l'armée pour en porter l'uniforme et jouir des loisirs de la vie de garnison. Soldat dans l'âme, il lui semblait qu'il ne le serait vraiment que quand il verrait la guerre. Il avait senti, dès le début, un ardent désir de faire campagne et il se tenait à l'affût de tous les incidents. Aussi, quand, au printemps de 1870, l'horizon politique commença à s'obscurcir, tout de suite son esprit fut en éveil.

« Les nouvelles d'hier, écrit-il de Nancy le 8 juillet, sont de nature à intéresser fortement les militaires et, à ce titre, j'attends impatiemment que la situation se dessine. Vous devez comprendre que mon vœu le plus ardent est de ne pas rester inactif dans un dépôt. S'il y a le moindre mouvement, je vous demande de m'aider de vos démarches à Paris, le cas échéant. En dehors de la question espagnole et prussienne, l'histoire de Chine pourrait bien provoquer une expédition. On pourrait peut-être obtenir de me faire attacher à l'expédition comme officier d'ordonnance... Je suis bien décidé à ne laisser passer aucune occasion. »

L'occasion tant convoitée n'allait pas tarder à s'offrir d'elle-même. Quelques jours plus tard, en effet, la Prusse, qui était prête et savait que nous ne l'étions pas au même degré, se basant sur un faux en écriture du chancelier de Bismark, déclarait sournoisement la guerre à la France.

Henri, pourtant, n'est pas encore rassuré. Il ne fait pas partie des escadrons désignés pour la campagne. Le sien doit rester au quartier. Nouvelle lettre à ses parents, pour les prier de faire des démarches et d'obtenir, coûte que coûte, son départ. « Je tâcherai, par n'importe quel moyen, de ne pas rester au dépôt. » Ce qu'il veut, c'est d'être au feu le plus tôt possible. Le lendemain, en effet, il insiste encore. « Si vous avez un moyen quelconque de me faire attacher à un général chargé, autant que possible, d'un commandement d'attaque, faites tout au monde pour me faire partir. Peut-être, avec de l'audace, pourrait-on faire une demande à l'empereur. On peut toujours, morbleu ! demander d'aller se battre ! » Pour montrer qu'il est prêt de toute façon, âme et corps, il ajoute : « J'ai une médaille. »

Le lieutenant de Montenon n'était pas seul, bien entendu, à désirer entrer en campagne. Ses compagnons d'armes le souhaitaient comme lui. Il faut convenir pourtant que pareille insistance n'est pas ordinaire. Elle montre à nu l'âme d'un vrai soldat et révèle une singulière énergie. D'autres se seraient contentés du désir. Lui ne peut pas se résigner à la pensée de rester inactif.

Enfin, ses vœux sont exaucés, et son régiment est en marche. « Nous sommes à Lunéville et nous ne savons pas quand nous le quitterons (28 juillet). La garde a presque toute quitté Nancy pour se diriger sur Metz ou les environs. Je crois que c'est de ce côté que l'on masse le plus de troupes. Je suppose que les hostilités ne tarderont pas à commencer. » D'ailleurs, il ne s'illusionne pas, il sait bien que la guerre ne se fait pas sans que du sang soit versé ; et il demande des mouchoirs *en toile*, parce que cela peut servir pour pansement. Le 31 juillet, il écrit de nouveau : « Nous sommes sur le qui-vive et attendons l'ordre du départ d'un jour à l'autre ». Et, le lendemain : « Nous recevons l'ordre de partir pour Brumath, dans la région de Strasbourg. » Cette fois, il touche au but : il va voir la guerre. Les jours suivants, ce sont de longues étapes, dont chacune le rapproche du front de l'ennemi.

Enfin, le samedi 6 août, il griffonne au crayon, sur un petit carré de papier, les lignes suivantes : « Après quarante-huit heures de marche forcée de jour et de nuit, nous sommes campés à Reichshoffen, près de Niederbronn, corps d'armée de Mac-Mahon. Plus de deux cent mille hommes. Santé bonne. On attend la grande affaire. »

La grande affaire eut lieu ce jour-là même et elle fut désastreuse. Le lendemain, Henri écrit : « Hier, malheureuse affaire à Reichshoffen, nord Niederbronn. Nous étions un contre dix ! Un corps d'armée qu'on attendait de Bitche n'est pas arrivé. Mon cheval tué, j'ai suivi la retraite sur un cheval d'artilleur tombé. Espérons que les choses se passeront mieux ailleurs. Mon régiment a eu plus de chances qu'on ne devait s'y attendre. Nous avons chargé un bataillon prussien qui a tiré un pied trop haut, ce qui nous a sauvés. Autrement, nous y restions tous. Nous avons battu en retraite sur Saverne. Nous en repartirons tout à l'heure, pour nous concentrer, je crois, du côté de Phalsbourg. Nous avons eu, dans notre division, trois colonels tués sur quatre. Le nôtre est vivant. On dit que l'empereur se porte en avant avec succès. »

Hélas! ce succès devait être bien éphémère, si tant est qu'il ait existé. C'était le commencement de la déroute qui devait se poursuivre jusqu'à l'écrasement de la France.

Les Allemands, sans tarder, donnaient déjà à la guerre ce caractère sauvage et féroce qu'ils ont appliqué et développé récemment dans des proportions effrayantes. Henri, en effet, continue : « Ces gredins de Prussiens brûlent les villages. Ils ont bombardé tous nos bagages ; j'ai perdu selle, cheval ; mais c'est un petit malheur. J'ai trouvé la selle d'un officier tué. Nous étions trente mille contre cent vingt mille au moins. On s'est battu toute la journée. Adieu ! Henri. »

Le 8, il écrit de nouveau : « Nous sommes à Sarrebourg, hommes et chevaux très fatigués par des marches forcées de nuit. Mauvais début ; mais on s'est risqué en trop petit nombre. Puis, on attendait le général de Failly, qui n'est pas arrivé. Il est encore temps de prendre une bonne revanche. 14 heures de cheval, le jour de la bataille ! »

Le lendemain, Henri rentrait à Lunéville d'où il était parti si joyeux, dix-huit jours auparavant !

« Nous formons, écrivait-il, l'avant-garde du corps d'armée de Mac Mahon, qui se retire en bon ordre pour se reformer ; où ? Nous ne le savons pas. Dans cette malheureuse bataille, ajoute-t-il, la cavalerie a beaucoup souffert. Le 8e et le 9e cuirassiers — ceux qui exécutèrent la charge légendaire si souvent racontée — sont presque tous anéantis ! »

Le lendemain, il s'indigne contre un article du *Figaro* qui prétendait que, le jour du combat, la cavalerie de réserve n'avait servi qu'à encombrer la route. » Ce sont, au contraire, dit-il, nos régiments de cuirassiers qui sont restés les derniers sur le champ de bataille, et qui ont été sacrifiés pour couvrir la retraite. »

Si rude qu'ait été cette première épreuve, et si désastreuse cette première rencontre avec l'ennemi, Henri de Montenon garde toute son énergie, tout son espoir. « Ne croyez pas au découragement de l'armée, écrit-il. A part quelques pessimistes, nous comptons bien tous prendre notre revanche. »

Le mouvement de recul se poursuivait vers le camp de Châlons, où les troupes devaient se reposer, puis se reformer en ordre de bataille et rentrer en ligne. « Nous sommes dans la situation pénible de gens isolés, qui ne savent rien. Chevaux et hommes bien fatigués. Ce n'est pas chose gaie qu'une retraite, et nous apprenons la guerre à une dure école. Il ne faut pourtant pas croire que nous soyons démoralisés. Les hommes sont ennuyés, tout bonnement, de battre en retraite, et ne demandent qu'à pousser en avant pour prendre leur revanche ! » Hélas ! c'était tout le contraire d'une revanche qu'ils allaient prendre !

Tout en poursuivant sa route, Henri de Montenon, en vrai soldat, fait ses observations personnelles, et s'instruit par la tactique de l'ennemi. « On dit que le chemin de fer serait coupé à Blesmes par un parti de cavalerie prussienne. Nous serions donc coupés de nos communications avec l'armée de Bazaine. Mais il ne s'agit que de cavalerie, et il est à peu près certain que si nous pouvons la rejoindre, nous lui ferons payer cher l'audace de cette pointe. Les coquins nous savent plus forts qu'eux d'arme à arme et ils nous évitent autant que possible, tout en donnant une bonne leçon à nos généraux. Ils comprennent en effet l'usage de la cavalerie, et ils s'en servent pour pousser des excursions de 25 à 30 lieues en avant de leurs corps d'armée. Je crois que nous allons nous mettre cette nuit à la chasse de MM. les uhlans, et Dieu veuille que nous les rejoignions. »

Regroupées à Châlons, les forces battues près de Niederbronn allaient bientôt rentrer en scène. Le 24 août, le jeune sous-lieutenant écrivait : « Nous sommes campés à Auberives, à quatre heures du camp de Châlons. Grande concentration de troupes sous les ordres de Mac Mahon. Nous sommes à la veille d'une grande bataille avec le même corps qu'à Reichshoffen. » Et, le 26 : « Nous sommes au camp depuis hier et nous en repartirons probablement ce soir. Nous ne savons pas où nous allons. On prend, je crois, la direction de Reims, car on dit qu'un groupe de Prussiens s'avance de ce côté ; je vous avoue que je n'y comprends plus rien. »

C'est vers Sedan qu'on les dirigeait à marches forcées, et c'est là que, le 1er septembre, après avoir bataillé pendant douze heures de temps, Henri de Montenon tomba au pouvoir de l'ennemi, au cours d'une tentative héroïque pour forcer les lignes allemandes. De Mayence, où il était prisonnier, il raconte lui-même ce glorieux épisode dans une lettre du 9 septembre. « La bataille de Sedan avait commencé le 1er, au point du jour. A dix heures, l'armée prussienne, qui avait passé la Meuse pendant la nuit, nous tournait par la route de Maizières, notre seule ligne de retraite, et mon escadron, en reconnaissance, sans ordres, s'apercevait le premier de ce mouvement, qui perdait sans ressources toute notre armée. A partir de ce moment, l'avance prussienne formait un cercle dont nous étions le centre ; huit cents pièces de canon concentraient leur feu sur nous...

« Il était cinq heures et il y en avait douze que la cavalerie de réserve essuyait, sans tirer le sabre, le feu de l'artillerie prussienne. Plusieurs fois, au courant de cette terrible inaction, la charge parut possible aux cuirassiers exaspérés. Des généraux peut-être trop prudents en jugèrent autrement. Tant il y a qu'une suite de mouvement de retraite finit par amener quatre régiments de cuirassiers dans les fossés de la place. Là, pêle-mêle horrible : artillerie, cavalerie, infanterie, s'entassaient, se heurtaient, se broyaient souvent les unes les autres, dans un étroit espace où pas un seul obus lancé par les Prussiens ne manquait son effet.

« A défaut d'ordre d'en haut, le commandant d'Alincourt, du 1er cuirassiers, qui voit le bouillonnement de ses soldats, s'inspire de la situation : « Au galop ! s'écrie-t-il, Que les braves me suivent. Nous allons nous faire tuer ou traverser quand même l'armée ennemie. » Il part ; avec lui, pour ne plus le quitter, s'élance le 2e escadron du régiment. Quelques officiers et soldats se mêlent à cette avalanche furibonde. Alors commence l'audacieuse charge d'un superbe désespoir. Le faubourg où se rue cet ouragan est occupé par l'infanterie prussienne. De toutes les fenêtres sortent des canons de fusils. Il pleut une vraie grêle de balles. Les cavaliers français ne s'en soucient. Ils volent comme une nuée sous une autre nuée. Tout ce qu'ils rencontrent dans la rue est sabré, écrasé. Un détachement de fantassins, surpris, ahuri, affolé, jette ses armes et demande à se rendre. Les héros de cette glorieuse minute n'avaient que le temps de frapper, et non celui de faire des captifs. Dans leurs rangs où chaque perte est irréparable, où chaque homme atteint n'a plus de remplaçant, beaucoup déjà sont tombés. N'importe, les derniers renversés vengeront les premiers avant de mordre eux-mêmes la poussière ; la charge continue avec un redoublement d'audace. Mais voilà qu'au sortir du faubourg, se présente un obstacle infranchissable : un caisson se trouve en travers du chemin. Des murs s'allongent à droite et à gauche... L'escadron arrive à fond de train, hommes et chevaux sont tous culbutés, et tandis que morts et vivants roulent pêle-mêle, des bataillons prussiens étagés le long des coteaux dirigent un feu nourri sur une cible humaine si facile à cribler. Quelques hommes se relèvent encore, se remettent en selle et galopent dans les prairies des rives de la Meuse. Des nuées de uhlans les entourent, et les flots de la Meuse entraînent ceux qui essayent de la traverser. »

Henri de Montenon est tombé à son tour. « J'étais sous un amas de chevaux et d'hommes, ma jument morte. Enfin, je parvins à me dégager et à remonter le cheval d'un cuirassier sous une grêle de balles ; mais en arrivant à la Meuse, je fus entouré par un régiment de uhlans, et fait prisonnier. C'est un vrai malheur, mais j'aime mieux avoir succombé en me battant que de faire partie des 80.000 hommes qui rendaient leurs armes le lendemain. Quatre-vingt mille Français rendre tranquillement leurs sabres ! C'est par trop dur ! »

Voilà donc le sous-lieutenant Henri de Montenon aux mains de l'ennemi, prisonnier des barbares, comme il l'écrira quelques jours après. Cette campagne, qu'il avait désirée si ardemment et dans laquelle il était entré avec tant de vaillance, était pour lui terminée. Elle n'avait duré que quelques semaines, et il lui faudrait, pendant des mois entiers, rester dans l'inaction, dans les amertumes et les duretés de la captivité alors qu'on se battait encore sur le sol de France. Ce fut, pour son cœur de soldat, un supplice des plus douloureux.

Par une sorte de miracle, il n'avait aucune blessure. Son premier souci fut d'avertir sa famille. Dès le soir de la terrible journée, le 3 septembre, à l'ambulance ennemie, il écrit sur un carré de papier trouvé au hasard un récit très net des péripéties par lesquelles il a passé, puis le lendemain, quelques lignes sur une feuille arrachée à un carnet. Alors commence l'exode lamentable vers le pays abhorré. « Varennes, ville aux tristes souvenirs, écrit-il le 4. Nous sommes conduits à pied d'étape en étape : cent trente officiers, quinze cents hommes de troupe, deux généraux, des colonels, des officiers supérieurs : c'est navrant ! Qu'est devenu le reste de l'armée ? Nous ne le savons pas. On dit que l'empereur s'est rendu. On nous conduit, je suppose, à une ligne de chemin de fer pour nous expédier de là sur le territoire allemand. Le pays est dévasté !... Que se passe-t-il à Paris ? Va-t-on se défendre ? Quelle catastrophe et que de fautes commises ! »

Il faudra cinquante ans pour réparer ce désastre et les fautes qui l'ont amené. Le jeune sous-lieutenant aura la consolation de prendre une part active à ce travail de reconstitution.

Ses lettres, presque journalières, remises aux autorités prussiennes, ne parvinrent à destination qu'au début d'octobre, après un mois. La première, qui fut reçue à Chézelles (1), où était sa famille, fut écrite en marche, le 5 septembre et confiée, en cachette, à un brave paysan, qui s'acquitta fidèlement de sa commission. Elle porte le timbre de Sainte-Menehould le 5 septembre, Troyes le 6 et l'Isle-Bouchard le 8. Elle était sans doute au château de Chézelles le même jour et dissipait enfin les terribles angoisses des siens en leur apprenant qu'il était encore vivant.

Après huit jours de marche, le convoi prenait le chemin de fer à Pont-à-Mousson et arrivait à Mayence le 9 septembre.

Les débuts de la captivité furent pénibles : « Nous sommes internés à Mayence, où on nous laisse assez libres, mais où nous vivons difficilement si nous ne pouvons recevoir de l'argent. Nous recevons 45 francs par mois, ce qui ne suffira certainement pas pour la nourriture, car les pensions sont fort chères. Il faut en outre que je m'habille complètement. Je suis arrivé ici avec les vêtements que j'avais sur le champ de bataille, et je ne les avais pas quittés depuis un mois. Ils sont complètement déchirés et hors de service. » Et, quelques jours plus tard : « Je suis possesseur d'une seule chemise, que je porte depuis quinze jours, d'une tunique en loques et d'un pantalon à jour . » Il lui faudra attendre plus d'un mois pour pouvoir enfin se procurer les objets de première nécessité.

D'ailleurs, à Mayence, ville de garnison, la vie est pénible pour des prisonniers, car ils ne peuvent sortir en dehors des fortifications. Mais la souffrance morale est mille fois plus dure que la gêne physique. « Il me faut, écrit le prisonnier,

(1) Le château de Chézelles demande un mot de souvenir et de gratitude. Les châtelains, le marquis et la marquise d'Effiat, oncle et tante d'Henri, réunissaient autour d'eux, tous les ans et pendant plusieurs semaines, les enfants et petits-enfants du général Dujon. C'est ainsi qu'Henri et tous les siens passaient une partie de leurs vacances auprès de ces bons et hospitaliers vieillards. Là, tous les cousins germains (jusqu'à 30 parfois) se lièrent d'une amitié quasi fraternelle, dont ils gardèrent le souvenir et goûtèrent le charme toute leur vie.

assister à la joie brutale de MM. les Allemands. Vous ne sauriez croire combien ces gens-là manquent de tact ! Les plus bienveillants vous disent, sans intentions mauvaises, les choses les plus crispantes. Puis, entre nous, récriminations continuelles sur ce qui s'est passé. Les caractères s'aigrissent dans l'inaction et l'ennui ; la haine contre ceux qui nous ont si mal dirigés se manifeste hautement, et si l'histoire doit les juger sur le témoignage de leurs soldats, leur page ne sera pas belle. »

L'histoire, en effet, l'ancien prisonnier de Mayence a assez vécu pour le constater, a ratifié en grande partie les jugements sévères de ses compagnons de captivité et elle ne s'est pas montrée tendre pour ceux qui les avaient conduits à la déroute, au lieu de les mener à la victoire !

Au bout d'un mois, Henri fut transféré à Wiesbaden, ville d'eaux et de plaisir, devenue un centre de prisonniers français. Le changement était avantageux et notre sous-lieutenant est heureux de le constater. « Nous voici à Wiesbaden où nous pouvons faire de très jolies promenades, et j'en profite, car la vie inactive de Mayence était insupportable après l'existence ambulante que nous avions menée pendant plus d'un mois. » Mais la grande peine morale subsiste et leur ronge le cœur : « Vous devez comprendre, ajoute-t-il, combien il est pénible d'en être réduit à boire, manger et dormir, pendant qu'on se bat en France , où nous serions si utiles ! » Il raconte, dans la même lettre, qu'il a espéré un échange avec un Allemand prisonnier à Metz. Il serait ainsi allé rejoindre l'armée de Bazaine. « L'affaire a manqué », ajoute-t-il. Heureusement pour lui ! Après avoir échappé à la capitulation de Sedan, il aurait dû subir celle de Metz ! La divine Providence lui en épargna la honte.

C'est pendant qu'il était à Wiesbaden qu'il apprit la mort du marquis, et peu après de la marquise d'Effiat, dont la libéralité avait ramené l'aisance parmi les siens.

« Je vois, dit-il, que cette bonne tante d'Effiat a été excellente pour notre famille. Elle n'avait pas affaire à des ingrats, car nous lui étions tous vraiment attachés. » Puis, après avoir fait allusion à un don personnel, il ajoute : « Je suis heureux que cette bonne tante ait songé aussi à Charles — son frère. — Au surplus, entre frères, ce qui est à un est à tous ; agissez en conséquence quant à ce qui m'appartient. » Voilà bien la marque de son grand cœur et de son esprit de famille.

Et les jours se succèdent avec une monotonie accablante, endeuillés de temps en temps par les nouvelles désastreuses : la trahison de Bazaine et la capitulation de Metz, l'investissement et le bombardement de Paris, les revers de l'armée de la Loire ; tous ces coups retentissent douloureusement, dans le cœur des prisonniers. Et malgré tout, il y a de temps à autre un sursaut d'espoir, tant ce sentiment est vivace dans le cœur humain. « J'attends toujours avec impatience des nouvelles de nos chers soldats, écrit-il au milieu de janvier. Dites-leur que je rage de n'être point avec eux. Les affaires semblent prendre meilleure tournure et *j'espère plus que jamais*. Probablement, à l'heure qu'il est, une grande partie est en jeu et les quelques nouvelles prussiennes qui nous arrivent font présumer que Bourbaki va faire parler de lui ! » Hélas oui, une terrible partie se jouait et c'est nous qui allions la perdre, et si Bourbaki devait faire parler de lui, ce ne serait point par une victoire. Pressé par l'ennemi, il était forcé de passer en Suisse avec son armée. Paris ne pouvait plus tenir ; et la France, vaincue, était obligée de signer une paix désastreuse. C'est alors surtout que les regards des prisonniers se tournent vers la patrie !

Henri de Montenon avait changé de résidence. De Wiesbaden, il était venu à Wetzlar, petite localité peu distante de la ville d'eaux ; et c'est de là qu'il écrivait, le 12 mars : « Nous attendons tous les jours notre liberté ; mais on ne se presse guère de nous la donner ! Il semblerait que l'autorité prussienne ne tienne aucun compte de la signature de la paix dans ses rapports avec nous. Hier encore, un de nos camarades était envoyé dans une forteresse pour avoir émis dans une lettre des appréciations qui choquaient la susceptibilité prussienne. Je ne m'étonnerais pas que ces gens-là nous obligeassent un jour à leur voter des remerciements. Chaque jour amène des circonstances qui retournent le poignard dans le cœur. Encore, nous ne sommes pas les plus à plaindre. Nos pauvres camarades de la Lorraine et de l'Alsace font pitié. On emploie, surtout à l'égard des simples soldats, des démarches que je m'abstiens de qualifier, pour surprendre leur signature et les engager à renoncer au service de la France. Enfin, justice se fera un jour. Et, dès aujourd'hui, le devoir de tout Français est de tout faire pour le préparer, ce jour de vengeance ! »

Ces mots, les derniers peut-être qu'Henri de Montenon ait écrits sur le sol étranger, feront le programme de toute sa vie. Pendant un demi-siècle, il se courbera sur ce noble labeur, s'y dévouera sans relâche, jusqu'au jour où il aura enfin la consolation de voir dans la gloire du triomphe cette chère patrie, alors si humiliée.

CHAPITRE III

L'Officier

C'est au printemps de 1871 que le prisonnier quittait la terre d'exil et rentrait en France, plus soldat que jamais et décidé à l'être toujours. Il reprit sa place dans les rangs de la cavalerie et fut affecté au 12e cuirassiers, en garnison à Nantes. Dès le mois de juin, il était promu chevalier de la Légion d'honneur en des circonstances qui témoignent en quelle estime le tenaient ses camarades. Le colonel, ayant reçu trois croix pour son régiment, assembla ses officiers, et leur fit part de la bonne nouvelle. « Pour les deux premières, ajouta-t-il, je n'ai pas hésité : elles vont de droit à ceux dont les glorieuses blessures attestent, aux yeux de tous, leur belle conduite. Pour la troisième, je suis très embarrassé, tant sont nombreux ceux qui la méritent, et je préfère vous consulter. — Montenon ! Montenon ! », s'écrièrent-ils tous ensemble.

En décembre 1872, le nouveau chevalier était nommé lieutenant au Mans, où il ne resta que peu de temps. En avril 1873, par permutation, il allait à Melun et rentrait au 1er cuirassiers, son régiment de campagne, auquel l'attachaient les douloureux souvenirs de Reichshoffen et de Sedan. Il y resta pendant quatre ans, jusqu'au moment où il fut nommé capitaine.

Le lieutenant de Montenon était un parfait homme du monde, mais il n'était pas un mondain ; il aimait d'ailleurs la vie de famille, et il rêvait de se créer un foyer.

C'est en Franche-Comté que la divine Providence lui fit rencontrer, en la personne de Mlle Marie Muneret, celle qui devait être la compagne de sa vie. Les parents de cette jeune fille, de grands industriels de Dole, dont elle était l'unique enfant, depuis la mort d'un fils qu'ils perdirent à l'âge de neuf ans, lui avaient fait donner une éducation très soignée chez les Dames de l'Assomption à Paris, et ils n'avaient d'autre but que de l'établir convenablement. Dès que le lieutenant de Montenon se présenta, ils furent séduits par les qualités de ce charmant et brillant officier, et ils n'attendaient que l'acquiescement de leur fille pour lui ouvrir leur cœur et leur foyer. Le mariage fut béni le 8 février 1873, en l'église collégiale de Dole, par Mgr Nogret, évêque de Saint-Claude.

Cet événement arracha le jeune officier aux régions de l'Ouest, où sa famille avait toujours vécu, et le fixa en Franche-Comté. C'est à Crissey qu'il prenait ses congés militaires et il ne tarda pas à y nouer, avec les principales familles du pays, des relations qui furent un des grands charmes de sa vie. Il s'y retira avec sa famille adoptive quand sonna l'heure pénible de la retraite ; enfin, après les labeurs de la grande guerre et l'épreuve d'une douloureuse maladie, il y revint juste pour rendre à Dieu son âme de chrétien.

Quelques mois après son mariage, le lieutenant de Montenon passait, avec son régiment, de Melun à Commercy et faisait déjà connaissance avec la Meuse, cette terre héroïque sur laquelle il devait revenir comme officier supérieur et où, quarante ans plus tard, allaient se jouer les destinées de la France. En septembre 1874, il était renvoyé à Saumur pour une période d'instruction. Il en sortit avec un très bon rang et rentra, en juillet 1875, à Commercy, où il resta encore un an. Au mois de juin 1876, à 32 ans, il était nommé capitaine instructeur et affecté, avec ce grade, au 9e cuirassiers, qui tenait garnison à Versailles.

Cette année 1876, qui apportait au jeune capitaine la joie d'une promotion précoce, fut aussi pour lui une année de grosses épreuves. Deux mois après sa nomination, il avait la douleur de voir mourir son père. Philippe de Montenon finit comme il avait vécu toujours, en chrétien convaincu et fervent. A peine le prêtre lui avait-il parlé d'Extrême-Onction qu'il s'écria : « Je suis entre les mains des ministres du Seigneur. Je sais ma religion, je l'ai enseignée à mes enfants. Oui, l'Extrême-Onction, je la désire, que ce soit pour le soulagement de mon corps ou pour sanctifier ma fin. » Quand vint l'agonie, par un dernier effort, il fit encore de lui-même le signe de la croix, commença le *Pater*, qu'il fallut achever pour lui, et bientôt la mort jeta ce grand chrétien dans le sein de Dieu (1).

Henri avait pour son père un grand respect et une affection profonde. Sa mort lui causa un très vif chagrin. Elle le constituait, en qualité d'aîné, chef d'une nombreuse famille et lui imposait ainsi, vis-à-vis de tous, des devoirs dont il comprenait la gravité et qu'il s'efforça toujours de remplir avec la conscience qu'il apportait à toutes choses. Pendant plus de quarante ans, il fut toujours prêt à aider, défendre et assister non seulement ses frères et sœurs, mais tous ceux des siens qui avaient besoin de son concours.

Dans cette même année, Henri de Montenon perdit aussi son beau-père.

M. Muneret, propriétaire des moulins de Crissey et de Dole, avait une grande valeur personnelle. Remarquablement doué pour les affaires, à la fois hardi et prudent, il était en même temps un parfait homme de bien. Il était très estimé de l'évêque de Saint-Claude, qui avait pour lui une vraie affection. Généreux envers les pauvres, il fut, pendant toute sa vie, la

(1) Nécrologie — Philippe de Montenon — Extrait du *Courrier de la Vienne*.

providence des habitants de Crissey, et il fonda, par testament, un lit à l'hôpital de Dole en leur faveur. Son gendre, qui avait eu le temps de l'apprécier, s'était beaucoup attaché à lui, et il le regretta vivement.

L'année suivante, le capitaine de Montenon reçut une proposition des plus flatteuses. Il avait laissé à Saumur un si excellent souvenir qu'il y était demandé pour le poste d'instructeur. « Mon cher camarade, lui écrivait le commandant, vous serait-il agréable de venir ici comme capitaine instructeur ? Je sais que vous convenez à l'emploi ; mais avant de proposer votre nom au général, je désire savoir si vous accepteriez avec plaisir cette position. Sans pouvoir rien vous promettre, je crois cependant devoir vous prévenir que vos aptitudes pour l'équitation vous serviraient probablement pour entrer au manège, si des vacances se présentaient. »

La réponse fut celle d'un vrai soldat, passionné pour son métier : « Je vous suis profondément reconnaissant de l'honneur que vous me faites de penser à moi. Mais je suis dans un très bon régiment, commandé par le colonel Archambault, qui m'a toujours témoigné une bienveillance que je croirais mal reconnaître en demandant à le quitter. Puis, j'ai toujours beaucoup aimé la vie active du régiment. Je ne me crois pas, d'ailleurs, les aptitudes nécessaires pour remplir avec fruit les devoirs difficiles d'instructeur dans une école. C'est là surtout la raison qui m'empêche d'accepter la position de choix que vous voulez bien m'offrir et dans laquelle je trouverais non seulement des garanties pour mon avenir militaire, mais encore la perspective de relations charmantes avec un cadre d'officiers exceptionnellement composé. »

Le capitaine de Montenon avait, en fait, à Niort, une position particulièrement intéressante. Il possédait absolument la confiance de son colonel et il pouvait utiliser librement les dons merveilleux qu'il avait reçus pour la formation des hommes.

En 1880, il passait à Lyon et, quatre ans plus tard, il était nommé chef d'escadrons à Limoges et affecté comme major à la comptabilité du régiment.

Qu'on nous permette de citer, à propos de cette nomination, un trait qui montrera jusqu'où il poussait la discrétion. Il était en compétition, pour ce poste, avec un autre officier qui avait également des titres sérieux et de fortes recommandations. On le savait dans le régiment. Tous les officiers en parlaient, et leurs femmes aussi. Un jour, chez l'une d'elles, la conversation tomba sur ce sujet, en présence de Mme de Montenon. Or, celle-ci, ne comprenant rien à ce qui se disait, finit par demander : « Mais de qui s'agit-il ?... — Mais, madame, d'où sortez-vous donc ? — Je sors de chez moi, et je vous assure que je ne comprends rien. — Comment ? votre mari ne vous a pas mise au courant de cette affaire ? — Affaire de service ! Mon mari est, sur ce point, vis-à-vis de moi d'une réserve absolue ; il ne m'en parle jamais ! »

Pendant qu'il exerçait ces fonctions de major, il donna la marque de son amour pour la discipline et la justice. Un des officiers qui étaient sous ses ordres se rendit coupable de malversation. C'était un homme qui, d'ailleurs, avait de bons antécédents et possédait de non moins bonnes qualités. Le colonel, ému de pitié, voulait le couvrir et classer l'affaire. Mais le major, inflexible quand il s'agissait de l'honneur du régiment, estimant d'ailleurs qu'il serait d'un fort mauvais exemple pour les officiers subalternes si justice n'était pas faite, ne voulut jamais consentir à garder le silence et l'officier infidèle passa en conseil de guerre.

En 1887, Henri de Montenon quittait la direction de la comptabilité et était envoyé au 1er dragons, comme chef d'escadrons commandant le demi-régiment à Gray d'abord, puis à Lure. Là, une violente épidémie de fièvre typhoïde s'abattit sur le régiment, qui occupait un quartier neuf construit sur les bords de l'Ognon. L'hôpital était bondé de malades. Chaque jour, le commandant s'y rendait, pour témoigner sa sympathie à ces pauvres enfants et leur donner du courage. Son entrée dans la grande salle silencieuse était accueillie avec joie et ranimait les espoirs. Il passait le long des lits, disait à chacun un mot du cœur et le laissait réconforté. Puis, quand la mort avait frappé, il accompagnait jusqu'à sa dernière demeure la dépouille de ces obscures victimes du devoir.

Ce chef remarquable savait allier la bonté du cœur avec la fermeté de la discipline. Il avait sous ses ordres un jeune brigadier qui lui avait été recommandé par sa famille et qu'il aimait comme un fils. Un jour qu'il lui avait confié la direction d'une patrouille, un événement assez sérieux s'étant produit, le jeune brigadier crut bien faire en revenant lui-même en rendre compte et prendre des ordres. Il fut reçu plutôt froidement. «Où sont vos hommes? lui demanda brusquement le commandant. Un chef de patrouille ne doit jamais quitter son détachement. Il fallait m'envoyer une estafette pour me renseigner, mais rester vous-même à votre poste. Allez, vous ferez huit jours de salle de police!» Il se garda bien de lever la punition, qui dut être accomplie jusqu'au bout. Mais huit jours plus tard le jeune brigadier était invité à dîner chez son commandant.

En toutes circonstances, Henri de Montenon se montrait à la hauteur de la situation. Pendant qu'il exerçait les fonctions de lieutenant-colonel à Carcassonne, en 1892, une grève éclata parmi les mineurs de Carmaux. Il y fut envoyé avec un escadron pour maintenir l'ordre. La lutte entre patrons et ouvriers se prolongea assez longtemps et de nombreux incidents se produisirent. Le lieutenant-colonel agit avec tant de tact et de discrétion, il sut si bien ménager les divers intérêts que, sur le rapport du général commandant le corps d'armée, le ministre de la guerre le félicita pour la prudence et le sang-froid dont il fit preuve en cette circonstance difficile.

De pareils événements sont plutôt rares pour un officier. En général, c'est la vie de garnison, avec sa monotonie forcée, où n'abondent point les épisodes intéressants, où les déplacements seuls mettent un peu de variété, mais souvent sont fort pénibles : vie féconde, en somme, pour les officiers sérieux qui, d'abord fournissent un bon travail auprès des soldats, puis se forment eux-mêmes en vue des emplois supérieurs auxquels ils pourront être appelés. Henri de Montenon en profita largement pour étendre le cercle de ses connaissances militaires et surtout pour se perfectionner dans l'art de gouverner les hommes, de les façonner, de se les attacher, ce qui est l'une des qualités maîtresses de l'officier supérieur. Aussi était-il tout à fait à la hauteur de sa tâche, quand, en 1895, il fut nommé colonel du 10e cuirassiers, à Lyon. Le billet suivant, que son chef hiérarchique lui adressait le 25 octobre à Carcassonne, en est la preuve :

« Mon cher colonel, j'ai le plaisir de vous annoncer que vous êtes classé en première catégorie à l'unanimité. Général De Sesmaisons. »

C'est dans ce poste, où l'officier est vraiment chef et maître chez lui, qu'il donna surtout sa mesure.

Le nouveau colonel, en effet, considérait son régiment comme une grande famille, dont il était non seulement le chef, mais aussi le père. Il avait pour ses inférieurs la plus grande sollicitude, veillant à ce que rien ne leur manquât, s'occupant de l'ordinaire, de la façon dont ils étaient couchés, leur procurant des réfectoires bien aérés, toutes attentions auxquelles ils étaient fort sensibles et qui lui gagnaient leurs sympathies.

Mais en retour il leur imposait tous les exercices nécessaires pour en faire de bons soldats. La formation des cavaliers est longue ; il en suivait tous les détails avec un soin extrême. Aussi trouvons-nous, dans un ordre laissé au corps par le général inspecteur en 1900, un grand éloge des cuirassiers du 10e régiment.

C'est avec une noble fierté que le colonel montrait son régiment aux officiers étrangers venus chez nous pour étudier nos méthodes et s'en inspirer. Il recevait d'ailleurs ces hôtes, surtout quand ils étaient des amis de la France, avec une affabilité, une distinction dont ceux-ci étaient ravis. Nous trouvons un écho de cette admiration et de cette gratitude dans la lettre suivante, écrite par un officier russe, immédiatement après avoir quitté Lyon.

« GENÈVE, 10 octobre 1895.

« Mon colonel,

« C'est avec le sentiment de la plus vive reconnaissance que je vous présente mes plus profonds remerciements pour l'accueil qui m'a été fait par votre brillant régiment. Je garderai toujours un bien beau souvenir de la réception du 10e cuirassiers, où j'arrivais tout à fait en inconnu... Les exercices auxquels j'ai eu l'honneur d'assister ont eu pour moi le plus vif intérêt, car beaucoup m'étaient inconnus, tels que la voltige en cuirasse et les reprises sans selles ni mors, ni bridons. Vos hommes font vraiment merveille et cela en moins de trois ans. Recevez, etc... Capitaine Nostitz. »

Rentré à Saint-Pétersbourg, le jeune capitaine écrivait de nouveau pour remercier les officiers du 10e cuirassiers du cadeau qu'ils lui avaient envoyé, et annoncer celui qu'il expédiait en retour. Peu de temps après, le colonel de Montenon, devenu général, était nommé, par l'empereur de Russie, membre de l'ordre impérial et royal de Saint-Stanislas.

Mais le colonel s'attachait surtout à l'éducation morale du soldat. Il s'efforçait d'élever son esprit, de lui inspirer l'amour de la discipline, la conscience du devoir, le respect du drapeau qui symbolise la Patrie.

« Mes amis, disait-il un jour aux nouveaux venus, à l'occasion de la présentation de l'étendard, le premier mot sorti de la bouche de vos instructeurs et de vos officiers, quand vous êtes arrivés au régiment, a été celui de discipline. Ce mot ne doit pas vous effrayer. La discipline est le moyen infaillible de grouper toutes les volontés, toutes les forces, tous les dévouements sous les plis du drapeau.

« Le drapeau, l'étendard du 10e cuirassiers, c'est l'emblème de la France. Vos capitaines vous apprendront sa glorieuse histoire sur les champs de bataille de Fleurus, d'Austerlitz, d'Eylau et de la Moskowa ! Pour la première fois, vous avez l'honneur de le saluer. Ce salut sera votre baptême de soldat.

« Vous voilà cuirassiers !

« J'ai confiance en vous ! Vous saurez faire respecter votre étendard et votre régiment, toujours et partout.

« Dites cette première fête militaire à vos familles, encore tristes et inquiètes d'une première séparation.

« Dites-leur que le premier enseignement donné au régiment est celui de l'honneur, de la discipline, du respect du drapeau et de l'amour de la France ! »

Non seulement le colonel de Montenon s'occupe de son régiment avec le succès que nous venons de dire, mais il s'intéresse, il apporte un concours aussi diligent qu'éclairé, à tout ce qui touche le perfectionnement de son arme. C'est dans ce but qu'il exposait au ministre de la guerre ses idées sur la remonte, le rôle de la cavalerie en campagne et l'amélioration du cheval d'armes.

« C'était un cavalier dans l'âme, nous écrit un de ses anciens collaborateurs, et tous ceux de son arme qui ont pu le juger déclarent qu'il était non seulement un « homme de cheval » à un très haut degré, mais encore que peu d'officiers de cavalerie ont eu au même point que lui le sentiment de la manœuvre si délicate des troupes de cavalerie. »

Sa compétence est si universellement reconnue qu'on le consulte de toute part ; et une des plus hautes autorités militaires, le général de Gallifet, aurait voulu qu'on lui confiât l'inspection générale de la cavalerie française.

Les cinq années passées à la tête d'un beau régiment, dans cette grande ville de Lyon, si intéressante à tant de points de vue, et où il fut vite connu et apprécié, comptèrent parmi les plus heureuses de sa vie.

Promu officier de la Légion d'honneur par décret du 10 août 1898, le colonel de Montenon était, deux ans plus tard, nommé par intérim, au commandement de la brigade de hussards, en garnison à Verdun.

Cette promotion était annoncée par le général de brigade dans les termes suivants :

Ordre de la brigade ;

« Le colonel de Montenon, commandant le 10e cuirassiers, nommé par décret du 24 avril, au commandement de la 3e brigade de hussards, remettra le commandement du 10e cuirassiers au lieutenant-colonel de Broüer à la date du 3 mai.

« Au moment du départ du colonel de Montenon, le général commandant la 5e brigade de cuirassiers tient à lui exprimer combien il est heureux de son avancement si rapide et si justifié.

« Il perd en lui un colonel des plus distingués et des plus expérimentés.

« Chef de cavalerie par excellence, alliant une fermeté et une justice sans égale au dévouement le plus absolu à ceux qui sont sous ses ordres, le colonel de Montenon laissera au 10e cuirassiers le souvenir d'un chef incomparable.

« Lyon, le 2 mai 1900.

« Le général commandant le 5e brigade de cuirassiers,

« LESNE. »

Quand il dit adieu à son cher régiment, malgré sa mâle énergie, le colonel ne put retenir ses larmes.

Voici ses paroles :

« Mes amis,

« Appelé au commandement de la 3e brigade de hussards, je vous quitte.

« Cette séparation me cause un profond chagrin.

« L'émotion qui me gagne n'est pas une défaillance : elle est le gage de ma profonde affection pour votre étendard, pour votre régiment, pour chacun de vous.

« Colonel de B..., je vous confie mon étendard, je vous confie mon régiment.

« J'avais rêvé de le conduire avec vous dans ces plaines de Lorraine où jadis nos anciens ont chargé glorieusement.

« Mais je serai à Verdun, aux avancées de la France, les yeux sur Metz.

« Je vous serai l'avant-garde !

« Mon général, je suis confus et profondément reconnaissant des adieux que vous m'avez fait le grand honneur de m'adresser par la voie de l'ordre.

« Permettez-moi de commander encore une fois mon régiment et de le faire défiler en votre honneur. »

CHAPITRE IV

Le Général

Après avoir commandé la brigade de hussards pendant un an, le colonel de Montenon reçut les étoiles et resta à Verdun.

Verdun, c'est la forteresse devenue légendaire, l'obstacle qui, récemment, se dressa devant l'ennemi et que celui-ci ne put franchir. Il semble que le général de Montenon en ait pressenti les glorieuses destinées. Le souvenir du commandement qu'il y exerça, ravivé peut-être et fortifié par le récit de la glorieuse résistance, est celui qui s'est imprégné le plus profondément dans son esprit. Au cours de la maladie qui l'emporta, dans les moments de délire, c'était surtout de Verdun qu'il parlait. Il donnait des ordres à ses subordonnés, il en recevait de ses chefs, il assistait à une réception chez le général de division, etc. Il paraissait être hanté par la pensée de Verdun et ne vivre qu'à Verdun.

Et pourtant, il n'hésita pas à quitter ce Verdun tant aimé. Lui, cavalier de carrière, de goût et d'aptitudes, qui, plus d'une fois peut-être, avait quelque peu médit du fantassin, demanda officiellement à être mis à la tête d'une brigade d'infanterie. C'est qu'il avait toujours devant les yeux le même but : la revanche, et il cherchait constamment à se perfectionner et à acquérir de nouvelles connaissances pour se rendre plus utile.

Il reçut le commandement de la 55e brigade, en garnison à Annecy. C'était un poste de choix et d'une très grosse importance. Il avait quinze mille hommes sous ses ordres : deux régiments d'infanterie, dont l'un à Annecy, et l'autre à Lyon, et deux bataillons de chasseurs alpins, stationnés à Annecy et à Albertville, mais avec des détachements dans les différents postes de la montagne.

Tout est nouveau pour le général, aussi bien le pays, avec ses crêtes escarpées, ses chemins abrupts, que la formation, les habitudes, l'esprit de ses nouveaux subordonnés, qui sont, les Alpins surtout, habitués à la marche, aux sentiers étroits ; il n'a plus leur jeunesse et n'a pas non plus l'entraînement qu'ils ont acquis par l'exercice. Toutes ces difficultés ne sont point pour arrêter un courage comme le sien. Il se met à l'œuvre sans retard, fait des excursions longues et périlleuses, visite les postes les plus éloignés et les plus difficiles à atteindre, excitant partout l'étonnement et l'admiration des « diables bleus » ravis d'avoir un général qui s'intéresse à leur vie, et se fait leur émule avec autant de simplicité que d'application.

« Votre général peut-il vous suivre ? demandait un jour Mme de Montenon à un groupe de jeunes officiers qu'elle recevait. — Nous suivre ! Madame, mais il nous devance tous ! »

Un officier qui était sous ses ordres et qui commande aujourd'hui un corps d'armée, nous écrit : « Ce cavalier était devenu un fantassin de première classe, manœuvrant sa brigade alpine avec une maestria peu ordinaire, et faisant, par son sens tactique d'infanterie, notre admiration. »

En très peu de temps, il a conquis tout son monde, et des relations intimes, paternelles on peut dire, d'un côté, respectueusement affectueuses de l'autre, s'établissent entre le chef et les petits soldats. Quand il les eut quittés, il envoya comme souvenir, dans un poste, un service de verrerie et sa photographie. Le lieutenant qui l'en remercia lui disait : « Nous

nous souviendrons toujours de vous, de vos excellentes leçons et de vos bienveillants conseils. Vous étiez notre chef vénéré, nous avions en vous une confiance absolue; nous vous aurions suivi partout où il vous aurait plu de nous mener... Le 22e n'a pas dégénéré ; il a conservé, j'ose le croire, les vieilles traditions de patriotisme, de loyauté et d'honneur qui devraient toujours faire l'apanage de l'armée française. »

Les chasseurs ne voulurent pas rester en retard de cadeau. A leur tour, ils en offrirent un à leur général aimé : un piolet d'honneur, souvenir approprié de son passage parmi eux. « Nous avons conservé pour vous, mon général, lui disaient-ils en l'expédiant, un respectueux attachement; nous cherchons, autant qu'il est en notre pouvoir, à vous prouver que votre souvenir est toujours vivant et respecté au 11e bataillon. Nous serions très heureux qu'un heureux hasard vous ramenât dans nos parages et nous permît de faire encore avec vous quelques randonnées dans ces belles Alpes de Tarentaise qui, pour vous comme pour nous, ont tant de charmes. »

Ces deux lettres, dans leur émouvante simplicité, ne font pas moins d'honneur à ceux qui les écrivirent qu'à celui qui les reçut. Nous ne répondrions pas que le vieux général, en les lisant, n'ait pas essuyé une larme. C'est par de pareils sentiments que se cimente de part et d'autre l'union qui fait la force des armées.

Pendant qu'il était à la tête de la brigade alpine, le général organisa un raid Lyon-Aix-les-Bains, qui fut un gros succès. Le rapport qu'il fit sur cette épreuve fut très apprécié. Le général, d'ailleurs, avait une idée qu'il tenait à mettre en lumière : l'importance d'avoir, pour les officiers, des chevaux de race, pur-sang autant que possible, et il y avait parfaitement réussi. Il reçut, à cette occasion, de nombreuses lettres de remerciements et de félicitations. Nous nous contentons de citer celle d'un chef d'escadrons du 1er hussards. Elle

met en relief non seulement la valeur, mais aussi la bienveillance et la délicatesse du vrai chef qu'était le général de Montenon.

« VALENCE, 1-8-05.

« Mon général,

« Vous voudrez bien me permettre, j'ose l'espérer, de vous redire tout le plaisir que j'ai éprouvé en me trouvant sous vos ordres pendant quelques jours, beaucoup trop courts, malheureusement. C'est une véritable bonne fortune que de pouvoir faire son profit des enseignements et de l'activité d'un chef que tous les cavaliers voudraient voir à la tête de la 2e division. J'ai toujours, aussi, présent à l'esprit l'acte de parfaite bonté qui vous a fait nous rapporter nos manteaux, à K. et à moi, mercredi dernier. Ces choses-là se gravent profondément dans le cœur et valent mieux, je vous l'assure, que toutes les leçons d'altruisme professées par les soi-disant intellectuels de nos jours.

« Ce raid a été pour moi, en même temps qu'un plaisir, une vraie révélation : je me rends compte, maintenant, du bien que peuvent faire de semblables épreuves aux officiers qualifiés pour aller en reconnaissance, et je voudrais voir, dans la suite, ces expériences reprises par des groupes sous la conduite de moniteurs tels que C., D., et autres... »

Un incident se produisit au cours de cette brillante journée. Quatre chevaux succombèrent. Une décision du ministère de la guerre, dans laquelle il n'était peut-être pas difficile de discerner un manque de bienveillance envers celui qui avait organisé le raid, blâma les officiers qui les montaient et déclara que la valeur des chevaux leur serait respectivement imputée et déduite de leur solde. Le général de Montenon défendit chaleureusement ses officiers, prenant sur lui-même toute la responsabilité et finit par obtenir que la décision fût rapportée.

Nous ne saurions donner une idée plus juste de l'influence extraordinaire exercée par le général de Montenon sur ses subordonnés qu'en reproduisant ici une lettre que lui écrivait, dix ans plus tard, en pleine guerre, un de ses anciens officiers :

« 25 mai 1915.

« Mon général,

« C'est de mon gourbi de commandement, au claquement des balles, — car la nuit est venue et le canon s'est tu, — que je réponds à votre lettre du 8.

« Ici, l'ennemi progressait lentement, mais sans arrêt, il y a trois semaines ; on nous y a amenés et, depuis, c'est fini. Nos chasseurs, en de glorieux combats, ont brisé tous ses efforts.

« Vous auriez été fier d'eux, mon général, et si la guerre n'est pas telle que nous la rêvions quand j'avais l'honneur de servir sous vos ordres, dans cette lumineuse montagne de Savoie, vous n'en auriez pas moins admiré leur héroïsme et applaudi à leur succès.

« Vous m'avez écrit pour me recommander votre neveu. J'ai vu surtout là la démarche d'un chef prestigieux et vénéré entre tous, heureux d'envoyer un mot de souvenir à l'un de ses anciens officiers.

« Quand le jeune sous-lieutenant de Montenon m'est arrivé, son allure m'a plu. C'était la même silhouette grande et nerveuse que j'aurais eu tant de confiance à suivre sur le champ de bataille ; en lui parlant de vous, je lui ai dit : « Vous n'avez qu'à lui ressembler... » Pour terminer, mon général, vous voulez bien me faire l'honneur de m'embrasser. Je vous en remercie avec émotion ; et si j'osais, ici, au feu, de soldat à soldat, je vous demanderais la permission d'en faire autant avec tout le respect dû au plus chevaleresque des chefs, à celui qui, pour moi, est resté le type du chef. »

Et c'est ce chef « éminent et vénéré », celui qui savait inspirer à ses subordonnés de pareils sentiments d'admiration, de dévouement, d'affection respectueuse et filiale, que l'odieuse politique allait bientôt poursuivre de ses vexations et de sa haine et, finalement, faire sortir, avant le temps, d'une armée dont il était la gloire.

Le général André était ministre de la guerre et le système honteux des « fiches » sévissait avec un impudent cynisme. Nous n'avons pas besoin de dire le sentiment qu'éprouvait le général de Montenon pour cette façon d'avoir des renseignements sur les officiers ; avec la droiture et la loyauté qui le caractérisaient, il ne le cachait pas. Au début de son séjour à Annecy, ayant l'occasion de parler à ses officiers, après les affaires du service, il ajouta : « Je pense que, parmi vous, aucun n'appartient à ces sociétés dont on parle tant actuellement, car cette affiliation est incompatible avec l'honneur militaire. J'espère bien que si quelques-uns s'étaient laissé prendre par ces organisations pratiquant la délation ils se hâteraient d'en sortir. »

Or, la délation avait déjà pénétré dans l'armée. Les paroles du général furent rapportées dans les Loges. Peu de jours plus tard, *L'Avenir savoyard*, du 12 novembre 1904, publiait un article intitulé « Sabre et goupillon », où le général de Montenon était violemment pris à partie. Après avoir rappelé les paroles que nous avons citées, il ajoutait :

« Hein ! que pense-t-on de cela ? En voilà un qui ne se gêne pas pour afficher le dédain qu'il a pour le ministre de la guerre, qui, d'après lui, se trouve dans une situation incompatible avec l'honneur militaire.

« Que penser de ces paroles ?

« Pour M. le général de Montenon, appartenir à la maçonnerie est incompatible avec l'honneur militaire, mais baiser l'anneau de l'évêque est probablement un titre de gloire !...

Il y a six mois, en effet, à l'arrivée de Mgr Campistron, lors de la visite rendue par les officiers au nouvel évêque, il crut bon, avant de présenter ses subordonnés, de baiser dévotement l'anneau pastoral ! ! »

Mis aussi ostensiblement à la cible, le général ne pouvait manquer d'être frappé.

Sur ces entrefaites avait lieu l'affaire de Cluses. On se rappelle le tragique événement. Les ouvriers des frères Crettiez, en grève, cernaient la maison de leur patron. Avaient-ils l'intention d'en venir à des voies de fait ? On ne le sait. Les frères Crettiez, se croyant menacés, tirèrent sur la foule, et trois personnes furent tuées ! Les débats du procès furent retentissants ; M. Aristide Briand, alors député de Saint-Étienne, et en train d'élaborer la séparation de l'Église et de l'État, vint plaider en faveur des victimes. Des troubles éclatèrent et on dut envoyer la troupe. Là, comme à Carmaux, le général de Montenon se montra admirable de sang-froid. A un moment, le drapeau rouge avait été arboré sur la mairie. Il réussit, sans violence, à le faire amener. A force de prudence et de patience, il sut maintenir l'ordre et éviter toute effusion de sang. Lui en fut-on reconnaissant en haut lieu ? Il ne le paraît guère. La haine des Loges continuait à le poursuivre : « Je lui casserai les reins un jour ou l'autre », avait dit le préfet de la Haute-Savoie. Il ne tarda pas à tenir parole.

Au commencement d'août 1905, le général était nommé pour commander la brigade de cavalerie à Marseille. C'était une disgrâce évidente. Personne ne s'y trompa, ni lui ni les autres. Ses chefs hiérarchiques, aussi bien que ses amis, en furent indignés. Voilà ce qui lui écrivait, à la date du 7 août, son divisionnaire :

« Mon cher de Montenon,

« J'ai lu votre mutation en revenant de l'U... et j'étais fort embarrassé de vous écrire pour vous exprimer mes regrets de vous voir quitter la division. On semble avoir pris une mesure générale pour mettre les officiers généraux dans leur arme d'origine. Mais je pensais qu'un cavalier tel que vous considérerait comme une amère ironie d'être placé à la tête de la brigade du 15e corps, malgré le charme du séjour à Marseille !

« Il m'a été dit que le gouverneur avait demandé votre maintien au 14e corps jusqu'à la fin des manœuvres. D'autre part, le gouverneur m'a dit, à Barcelonnette, que le ministre de la guerre viendrait assister probablement aux manœuvres de la 28e division que vous commanderez.

« La franc-maçonnerie lui permettra-t-elle de vous nommer divisionnaire, comme l'idée lui en viendra certainement quand il vous aura vu à l'œuvre ? Je ne sais ; mais je souhaite que vos réflexions vous décident à vous résigner, au moins momentanément, à votre sort.

« Votre mutation m'a peiné doublement, parce qu'elle m'a paru dictée par ces influences qui tendent à désorganiser l'armée, ensuite, parce qu'elle vous est désagréable.

« Avec tous mes regrets de vous perdre, recevez, etc... »

De son côté, le commandant du corps d'armée et gouverneur de Lyon lui écrivait, le 5 août :

« Mon cher Montenon,

« Je suis désolé de votre départ du 14e corps, où vos belles qualités d'homme et de chef étaient appréciées de tous. Vous savez le rêve que j'avais formé, et ce n'est pas sans amertume que j'y renonce.

« Je vous envoie l'expression de mon vif regret et de mon affection bien sincère. »

Et, le lendemain :

« Si je pensais qu'une démarche instante auprès du ministre pût avoir pour résultat votre maintien à la tête de la 55e brigade, je la tenterais ; mais j'ai la certitude qu'elle ne réussirait pas. Toutefois, si vous le désirez, je marcherai. Dans ce cas, au reçu de cette lettre, envoyez-moi un télégramme. En tout cas, je vous conseille de rester jusqu'au bout. Mon appui vous est acquis, si précaire qu'il soit... Mille amitiés. »

En effet, toute intervention eût été parfaitement inutile. Les Loges avaient parlé. La cause était entendue et jugée.

On mettait en avant la résolution prise de renvoyer dans leur arme les officiers généraux qui en étaient sortis. Or, il y avait un moyen d'y ramener le général de Montenon : le nommer divisionnaire, comme tout le monde le désirait et comme il le méritait d'ailleurs. On s'en garda bien ! On le remit à la tête d'une brigade avec l'intention évidente de lui faire atteindre dans ce poste la limite d'âge, et de le forcer ainsi à quitter l'armée plus tôt.

On comprend que, dans ces conditions, le général de Montenon ne soit pas allé à Marseille de bonne grâce, et qu'il ne se soit guère plu dans cette ville. Un jour, un Marseillais, qui connaissait et goûtait tous les charmes de sa cité natale, lui demanda : « Mon général, comment trouvez-vous Marseille ? — Oh ! répondit-il, avec mauvaise humeur, ce n'est pas une ville agréable. Ce n'est pas un pays de cheval ! ! »

Puis, après la vie si active qu'il avait menée dans les Alpes, et pour laquelle il s'était passionné, il se trouvait désœuvré à Marseille.

« Mon cher M..., disait-il à un de ses anciens subordonnés de Savoie, je ne commande plus rien ! Quand on a eu, comme moi, sous ses ordres, une brigade alpine et deux bataillons de chasseurs, une brigade de cavalerie, ça n'existe plus ! »

Nous connaissons assez le général de Montenon, d'ailleurs, pour savoir qu'il ne resta pourtant pas inactif.

Au printemps de 1906, il voulait organiser des manœuvres dans la Camargue. Il écrivit à ce sujet plusieurs lettres pour demander des renseignements, se rendit sur place pour juger par lui-même de la nature des terrains et prévoir les détails, et déjà son plan était arrêté.

Mais son séjour à Marseille ne devait pas se prolonger. L'échéance fatale arrivait : la retraite. Une lettre du ministère, datée du 11 juillet, l'en avertissait et, après les compliments ordinaires, l'invitait à faire connaître le lieu où il désirait fixer sa résidence. Mais cette année lui avait suffi pour gagner toutes les sympathies, comme en témoigne l'ordre du jour suivant, émané du chef d'état-major :

« Ayant conservé, avec la vigueur de l'homme fait, tout l'entrain et le feu sacré de la jeunesse, aimant sa carrière par-dessus tout, profondément attaché à ses devoirs, M. le général Geay de Montenon a su s'imposer, tant à la tête de la 50e brigade d'infanterie qu'à celle de la 15e brigade de cavalerie, comme un chef dans toute l'acception du mot, sachant unir la fermeté à la bienveillance et inspirant à tous cette confiance qui double la valeur des troupes. C'est pour moi un vrai chagrin de me voir privé, par une loi inexorable, de sa collaboration si intelligente et si dévouée. Je suis certain d'être l'interprête de tous ceux qui l'ont connu, en l'assurant du souvenir qu'il laisse parmi nous de l'officier de cavalerie accompli, et de l'excellent camarade qu'il était. »

Ces paroles ont un accent trop sincère, elles dépeignent trop bien le général de Montenon pour qu'on soit autorisé à n'y voir que l'expression banale d'un éloge officiel. Elles firent plaisir à celui à qui elles étaient adressées ; mais pas plus que la cravate de la Légion d'honneur qui lui fut accordée par décret du 6 décembre 1906, elles ne le consolèrent d'être obligé de s'arracher à l'armée.

Son chagrin était si profond même qu'il ne cherchait point à le dissimuler. Mais jamais une plainte ne lui échappa ; jamais une parole de blâme contre ses chefs ne franchit ses lèvres. Là, comme toujours, il resta le soldat parfaitement discipliné.

CHAPITRE V

En Retraite (1)

C'est à Crissey, naturellement, que le général de Montenon se retira. Le beau château que M. Muneret avait fait construire pour sa fille est admirablement situé, au milieu d'une propriété assez vaste, en pleine campagne, près pourtant de la ville de Dole, sur les bords du Doubs, avec une vue très agréable sur la rivière elle-même, sur les coteaux qui la bordent à l'ouest, et sur la colline de Mont-Roland.

Tout près de là, commence la grande forêt de Chaux qui, avec ses vingt-cinq kilomètres de long et ses cinq ou six kilomètres de profondeur, offre un terrain merveilleusement propre aux battues de sangliers et à la chasse au chevreuil. A quelque distance, coule une autre rivière considérable, la Loue, où l'on trouve non seulement des truites en abondance, mais aussi un gibier d'eau important, des canards surtout : résidence idéale pour un amateur de la chasse. Or, le général n'avait rien perdu de son amour pour son sport favori. Il s'y livra donc avec passion. Il passait des journées entières dans la forêt, ou sur les bords de la rivière.

Un matin d'hiver, il partait avec l'intention de ne revenir que le soir, emportant un morceau de pain ; et, en passant à Dole, il y faisait halte pour compléter sa provision. Il était

(1) Plusieurs éléments de ce chapitre sont empruntés à notre monographie *Un hôpital dans un collège*, 1919.

vêtu d'une façon plutôt simple, comme le sont souvent les chasseurs, et la marchande de comestibles le prit pour un ouvrier allant à sa journée. Comme il mettait la main sur une terrine de pâté de foie gras, elle l'arrêta : « Ah ! Monsieur, cela, ça coûte bien cher ! — N'ayez pas peur, j'ai de quoi vous payer, répondit le chasseur en tendant un louis : je suis le général de Montenon. » La pauvre femme fut navrée de sa méprise, craignant plus encore de ne pas revoir un tel client. Celui-ci s'en aperçut et la rassura : « Une autre fois, vous me reconnaîtrez ! »

Il ne sortait pas toujours seul, et il prenait volontiers part à des chasses d'ensemble. Le commandant de B... en avait organisé une dans les forêts qui s'étendent entre Auxonne et Dijon. Le général de Montenon en avait la direction. Or, pour lui, ce n'était pas une distraction anodine, mais un véritable exercice, qu'il préparait avec beaucoup de soin et exécutait suivant toutes les règles. Le soir venu, il faisait une critique sérieuse de l'opération : « Ici, on a manqué à un principe cynégétique... A tel moment, il aurait fallu se porter de tel côté... » comme, après une journée de manœuvres, il aurait passé en revue les différents mouvements opérés par les troupes. Chez lui, en retraite comme en activité, le soldat se retrouvait toujours.

Dans sa solitude, le général vivait beaucoup de la vie de famille. Son foyer était resté désert ; mais il avait reporté toute sa tendresse et son besoin d'affection sur une nièce de Mme de Montenon, Mlle Fondet de Montussaint. Les parents de cette enfant habitaient la Russie. Son père, M. Fondet de Montussaint, issu d'une vieille famille comtoise, homme de lettres distingué, était directeur des écoles françaises de Moscou subventionnées par notre gouvernement, et administrateur de la paroisse catholique, et il tenait une place importante dans la colonie française, aussi bien que dans la société moscovite.

Parti en Russie à l'âge de vingt-cinq ans, il ne cessa jamais, pendant une brillante carrière de trente années, de travailler pour les intérêts de notre pays. Le gouvernement russe l'avait créé conseiller d'État actuel, une des charges les plus honorifiques. Quand il mourut, en 1907, la *Revue des Etudes franco-russes* publia sur lui un article très élogieux.

M. et Mme Fondet de Montussaint avaient une famille nombreuse. Une des enfants, la petite Manîa, ayant un tempérament délicat, et supportant difficilement le climat de Russie, sa mère, pendant un hiver, la confia à sa cousine, Mme de Montenon. L'enfant se montra si aimable, si affectueuse, qu'on s'attacha à elle. Elle demeura dans ce foyer et y grandit. Le moment venu, le général et Mme de Montenon l'adoptèrent suivant les formes légales.

En 1903, Mlle Fondet de Montussaint épousait le lieutenant Jean du Bois Jagu de la Villerabel, issu d'une vieille et noble famille bretonne, qui était en garnison à Gray. Quand son oncle eut prit sa retraite, le lieutenant donna lui-même sa démission d'officier, et ils vécurent ensemble au château de Crissey.

La chasse et la vie de famille, on le pense bien, n'absorbaient pas toute l'activité du général de Montenon. Il essaya de faire un peu d'agriculture. Il n'avait, pour cette occupation, ni entraînement ni attrait. Dans une réunion d'amis, il disait : « Un aimable toasteur a parlé d'un vieux soldat devenu agriculteur ! Hélas ! le vieux soldat n'est plus bon à grand'chose. J'ai vécu ma vie militaire, enseignant par l'exemple, et voici qu'en agriculture, je ne suis plus qu'un conscrit à qui le temps manque pour faire ses classes ! J'ai remis le sabre; il est trop tard pour prendre la charrue. Mais, heureux de vivre aux champs, je suis avec passion vos travaux agricoles. Votre profession est la plus belle, la plus saine, la plus utile au pays. Soyez-en fiers. Je bois aux laboureurs et aux amis de la terre ! »

Il ne s'enferma pourtant pas dans une retraite boudeuse.

Il tâcha de rendre service autour de lui et se prêta volontiers à tout ce qu'on lui demanda.

Le marquis de Vaulchier, président des courses du Jura, ne pouvant plus facilement remplir ces fonctions, le général en retraite était tout indiqué pour lui succéder et il accepta, mais avec une délicatesse admirable, préoccupé de ne point blesser celui dont il prenait la place. Cette fonction l'intéressa beaucoup, et il s'y prêta avec ardeur, mais elle ne l'occupait pas suffisamment.

Une autre charge lui revenait de droit, on peut dire, celle de président de la Société de secours aux blessés militaires. Là non plus, il ne songea pas à se dérober. « Je vous remercie, disait-il aux membres du comité, après son élection, du grand honneur que vous me faites. Je crains pourtant de ne pouvoir remplir comme il convient la charge qui m'incombe. En effet, en cas de guerre, si Dieu me conserve la santé, je rallierai de suite le drapeau, et c'est précisément le moment où notre société entrerait en action.

« M. L. de T., notre ami et regretté président, avait passé le service à M. A. Tous, nous connaissons son dévouement, son activité, ses aptitudes administratives, sa parfaite connaissance du personnel dolois. Il possède déjà le fonctionnement de vos services. Il est à la peine, il devrait être à l'honneur. Je pensais qu'il devrait prendre la présidence. Il a jugé que mon concours lui était nécessaire, je n'ai pu le lui refuser. Mais vous jugerez comme moi, qu'il reste le chef désigné en cas de mobilisation. Quoi qu'il en soit, messieurs, vous pouvez compter sur mon dévouement absolu pour maintenir et perfectionner à Dole le service de la Croix-Rouge. L'avenir est sombre, nous devons être prêts. »

Le général de Montenon tint parole. Il s'occupa activement de l'œuvre dont il avait assumé la responsabilité et, quand la guerre éclata, en effet, tout était prêt.

Malgré tout, le général ne se consolait pas de son inaction. Son cousin, l'abbé de Pascal, étant venu le voir, il lui confia son chagrin : « Je tue la bête, lui disait-il, mais au fond, rien ne m'intéresse au point de me saisir tout entier. » Le prêtre le consola en l'encourageant. Il lui conseilla surtout d'élever ses pensées plus haut que le but déjà si noble qu'il s'était proposé et de regarder du côté de l'éternité.

De fait, le général de Montenon mit à profit la tranquillité dont il jouissait pour raviver les sentiments chrétiens qu'il avait puisés au sein de sa famille. Il ne les avait, certes, jamais reniés, et il avait toujours pratiqué sa religion. Mais pendant ces dernières années, il en remplit plus fidèlement encore et plus fréquemment surtout les douces obligations. C'était un bonheur pour lui de revenir chaque année sur la colline de Mont-Roland, auprès de la madone de la Franche-Comté, se plonger dans la prière et de suivre avec d'autres vaillants chrétiens les exercices d'une retraite (1).

Cette orientation plus élevée n'empêchait pas le général de Montenon de rester soldat dans le fond de son âme et l'anecdote suivante montre à quel point il était demeuré attaché à l'armée et jaloux de son honneur.

En 1908, un rédacteur de la *Libre Parole*, M. Gaston Méry, était venu faire une conférence à Dole. Il avait parlé des questions du jour, loué la belle attitude des évêques en face des persécuteurs ; mais il avait insinué que, dans l'armée, quelques grands chefs n'avaient pas su toujours montrer, dans « l'affaire des fiches, comme dans l'affaire Dreyfus », particulièrement, la même noblesse ni le même courage dans leur atti-

(1) Chaque année, pendant la belle saison, un certain nombre de catholiques convaincus se réunissent pour se recueillir dans le silence et la prière, sous la direction d'un prêtre. Ils apprennent là à se pénétrer des grandes vérités sur lesquelles, comme sur un fondement solide, doit reposer toute vie chrétienne vraiment sérieuse, à se connaître eux-mêmes et à mieux comprendre leurs devoirs, pour les pratiquer avec plus d'exactitude et de désintéressement.

tude. Or, toucher à l'armée, même tant soit peu, c'était blesser le général de Montenon à la prunelle de l'œil.

Par esprit de discipline, il eut le courage de se taire à la conférence, mais, dès le lendemain, il écrivit au conférencier :

« Monsieur. Hier, à Dole, en saluant le clergé et les évêques, vous avez mis en cause l'armée et ses chefs dans une comparaison injuste et calomnieuse. Il a fallu mon dévouement absolu à la cause qui nous réunissait pour arrêter mon interruption immédiate. C'est faire œuvre mauvaise, Monsieur, que de déflorer les généraux pour glorifier les évêques. Les Loges avaient confondu, dans leur haine implacable, l'Église et l'armée. Elles avaient décrété leur perte.

« Le clergé de France et les évêques ont été dépouillés. Ils ne pouvaient sombrer. Leur constitution divine est inébranlable, et l'autorité du Pape rend les défaillances impossibles.

« L'armée, elle, devait succomber. Mais, par sa résistance stoïque de dix années, elle a mérité tous les respects ; elle a prouvé qu'elle était le corps de la société le plus solide. Il n'était pas en son pouvoir d'enrayer l'infiltration lente et méthodique de la corruption.

« Celui qui vous écrit a, dans le service, officiellement et sous les armes, flétri les Loges et leurs adeptes; d'autres l'avaient fait avant lui ; mais il ne se permet pas de juger les généraux qui ont gardé le silence. C'est une affaire de conscience et d'appréciation du devoir professionnel.

« Recevez, Monsieur, l'assurance de ma considération distinguée et du dévouement à la France catholique, qui doit assurer notre communion d'idées et d'action. »

M. Gaston Méry répondit par une lettre extrêmement courtoise, dans laquelle, tout en maintenant son point de vue, il regrette tout ce qui a pu blesser, dans ses paroles, la légitime susceptibilité du général ; et il termine par ces mots :

« Il va sans dire, et vous le sentez bien, mon général, que

bien loin de dénoter une sorte de haine sourde contre l'armée, ces impressions prouvent au contraire l'ardent amour que je lui porte. Mais je garde mon admiration, non pour ceux que vous appelez des stoïques et que j'appelle, moi, des soumissionistes, mais pour ceux qui, comme vous, dans le service et sous les armes, ont su flétrir les Loges et leurs adeptes... Veuillez agréer, etc... »

En rentrant à Crissey, le général gardait encore au fond du cœur un dernier espoir : il était pourvu, en cas de mobilisation, d'une feuille de commandement ; ainsi, il faisait encore partie de l'armée, et il pouvait compter que si la guerre éclatait il serait tout de suite rappelé. Or, voici qu'en septembre 1911, une lettre du ministre de la guerre, M. Messimy, l'informait brutalement que, par suite de nouvelles dispositions, il était impossible de lui conserver le commandement qui lui était jusque-là réservé en temps de guerre. En conséquence, il était prié de renvoyer immédiatement au ministère l'ordre de mobilisation individuelle et la lettre d'avis qui lui avaient été délivrés. Cette décision, qui ruinait ses plus chères espérances et rompait les derniers liens, l'affecta profondément et il écrivit sans retard au général Pau, son ancien camarade, membre du conseil supérieur de la guerre. Le glorieux mutilé lui répondit par retour du courrier.

« Combien je comprends vos sentiments et votre état d'âme, mon cher ami ! » Il explique à son camarade que la mesure n'a rien de personnel ; il ne cache pas qu'il en déplore l'extension à tous, parce que, dit-il, il connaît maints de ces « anciens » en état de faire *au moins* aussi bonne figure, en campagne, physiquement, moralement et intellectuellement, que tel ou tel de nos plus jeunes et soi-disant *brillants* généraux des nouvelles couches. Il pense pourtant qu'en cas de guerre, le gouvernement serait heureux d'utiliser ces bonnes volontés et ces compétences dont il semble aujourd'hui faire si bon marché.

« En d'autres termes, ajoute-t-il aimablement, je ne désespère pas, un jour venant, de galoper côte à côte avec vous dans ces champs de Lorraine où j'ai eu le plaisir de faire votre connaissance, s'il vous en souvient, il y a quarante-cinq ans ! »

Le général Pau ne se contenta pas de ces bonnes paroles. Il intervint efficacement en faveur de son ami. Dès le mois de septembre, il lui annonçait qu'il avait obtenu pour lui, à défaut du commandement d'une formation de réserve, au moins celui d'une formation de territoriale. Et une lettre du ministère peu après faisait savoir au général de Montenon que sa demande d'être pourvu d'un commandement actif en cas de mobilisation recevrait satisfaction dans un délai prochain. Ce qui arriva en effet.

Mais les années avançaient et le général de Montenon voyait avec tristesse approcher le moment où il faudrait forcément s'exécuter. En effet, le 15 juillet 1914, il avait eu 70 ans. C'était la date fatale, et la mesure ne souffrait plus d'exception, et il fallut bien renvoyer la lettre de service.

Or, l'horizon politique était déjà très sombre ; bientôt, la tempête devenait tout à fait menaçante. Il était manifeste que l'Allemagne, qui se préparait depuis si longtemps, voulait la guerre. On devine l'état d'esprit du vrai soldat qu'était le général de Montenon. Depuis quarante-cinq ans, il se disposait à la guerre, et il l'attendait pour prendre la revanche si longtemps désirée. Elle allait éclater, et il ne lui serait pas permis d'y prendre part. Son sang, resté si jeune, bouillonnait dans ses veines ! Il n'attendit pas que l'orage fût déchaîné : dès le 26 juillet, il écrivait au général commandant le 7e corps d'armée : « J'ai l'honneur, en raison de la gravité de la situation générale, de me mettre à votre disposition. La lettre de service qui me désignait pour un commandement actif m'a été retirée le mois dernier. Mon état de santé est excellent, je suis actif, entraîné, apte à faire campagne. En conséquence, j'ai l'honneur de demander à être pourvu, soit d'un commandement actif, soit d'un commandement de dépôt, soit de toute autre situation dans laquelle je pourrai rendre des services. »

Le ministre lui répondit quinze jours plus tard, le remerciant de sa patriotique démarche, ajoutant qu'il faisait étudier les nombreuses demandes d'affectation qu'il avait reçues et qu'il ne manquerait pas de lui faire savoir, le moment venu, la décision qui serait prise.

En attendant d'être rappelé, comme il en avait l'espoir au début, le général de Montenon ne s'immobilisa pas dans une attente stérile. Il avait, en effet, une mission importante à remplir, et il ne la négligea point. Nous avons dit qu'il avait accepté la présidence de la section doloise de la S. B. M. Tout de suite, il s'était mis au courant de ses fonctions ; et, de loin, il avait tout organisé, pour que, le moment venu, un hôpital fût installé très rapidement et dans les meilleures conditions. Depuis longtemps, ses prédécesseurs s'étaient assuré un local merveilleusement adapté à cette fin. L'administration de l'école libre Notre-Dame de Mont-Roland s'était engagée, en effet, à fournir, en cas de guerre, une salle avec un matériel de literie et de cuisine pour hospitaliser cinquante malades. Un médecin avait été choisi. On avait formé un corps d'infirmières aussi dévouées que capables, qui, en attendant la grande occasion, allaient, à tour de rôle, se préparer à leurs futures fonctions, en soignant les malades à l'hôpital.

A mesure que les événements devenaient plus graves, le président de la Croix-Rouge redoublait de vigilance, prenait toutes ses mesures pour entrer tout de suite en exercice. Aussi, le moment venu, tout était prêt. Dès le lendemain de la déclaration de guerre, le général prenait possession du local magnifique qui lui avait été concédé ; il convoquait médecin et infirmières, mettant chacun à sa place et indiquant à chacun son rôle, hâtait les approvisionnements et organisait, dirigeait, donnait des ordres de ce ton net, franc et décidé qui résulte de l'habitude du commandement, et qui est une des caractéristiques bien connue de l'officier français. Il y avait bien parfois un peu de brusquerie, quelques reproches vifs à l'adresse des subordonnés qui allaient trop lentement ou n'avaient pas exécuté à temps les ordres donnés. Mais on connaissait si bien sa grande bonté, et, à la parole sévère succédait si vite un mot d'encouragement que personne ne songeait à se plaindre. Il arrivait le matin et faisait une tournée d'inspection. Il parcourait les salles, montait d'un pas rapide la rampe des escaliers et se rendait compte de tout. Puis, de là, il allait à l'infirmerie de gare, installée et dirigée également par la Croix-Rouge, puis au quartier, revenait à l'hôpital. Il semblait qu'on le rencontrât partout à la fois. On sentait qu'il était heureux de pouvoir être utile à cette armée française passionnément aimée et à laquelle il aurait tant désiré pouvoir se dévouer d'autre façon.

Tout était prêt depuis plusieurs jours quand les premiers malades arrivèrent. A mesure qu'ils devenaient plus nombreux, le dévouement du président semblait se multiplier. Bientôt, le service de santé lui demanda une nouvelle installation de cinquante lits, et ce fut fait dans une journée.

L'hôpital, nous l'avons dit, était installé dans les bâtiments de l'école libre Notre-Dame de Mont-Roland dont il occupait une partie, et les rapports les plus cordiaux existaient entre les deux organisations, Croix-Rouge et collège. De part et d'autre, on ne cherchait qu'à s'entr'aider. L'école désirait beaucoup ouvrir ses classes au mois d'octobre et tout avait été préparé pour que les deux établissements pussent fonctionner simultanément, côte à côte, sans trop se gêner.

Mais la guerre prenait un caractère de plus en plus violent. Après la défaite de Charleroi, l'armée française s'était ressaisie. Alors que l'ennemi s'approchait de Paris à marche forcée, et annonçait déjà le jour où il entrerait dans la capitale, elle s'était redressée en un bond prodigieux, et lui avait fermé le passage ; puis, fonçant sur son flanc découvert, elle l'avait obligé à repasser la Marne et à s'enfuir à travers les marais de Saint-Gond, où il laissait un bon nombre de ses plus belles pièces d'artillerie. C'était une belle victoire, mais ce n'était pas la victoire définitive. Les armées allemandes, semblables aux eaux d'un torrent subitement barré, cherchaient constamment un passage, et, toujours refoulées, déferlaient en vagues puissantes et furieuses jusqu'à la mer du Nord. Bientôt, on se battit sur un front de sept cents kilomètres.

Les malades affluaient et, partout, les hôpitaux étaient bondés. L'inspecteur de santé de la région arriva un jour, et s'adressant au général de Montenon, sans autre préambule : « Nous sommes débordés, on nous annonce de nouveaux blessés ; nous n'avons plus de place pour les mettre, et nous sommes forcés d'en prendre où nous en trouvons ; il faut que vous établissiez ici un hôpital de quatre cents lits. »

Il n'y avait qu'à s'incliner. Le général de Montenon le savait et le comprenait mieux que personne. Tout de suite, il se mit à l'œuvre et, sous son impulsion énergique, l'adaptation se fit rapidement. Il emprunta des lits militaires, fit appel à la générosité des familles doloises pour obtenir le mobilier nécessaire et, au bout de deux jours, tout était prêt, et en si parfait état qu'au cours des quatre années de guerre, tous les inspecteurs de santé ont proclamé que l'hôpital installé par le général de Montenon était le mieux organisé de toute la région.

Mais l'arrangement fait pour la rentrée du collège devenait, dans ces conditions, irréalisable. Le général en fut vivement contrarié. Le lendemain du jour où la décision lui fut notifiée, il vint trouver le directeur : « Je regrette profondément, lui dit-il, d'arrêter ainsi la rentrée de votre collège au moment où elle allait s'effectuer. J'ai cherché un moyen de tout concilier, et je crois l'avoir trouvé : Je vous offre mon château de Crissey pour y recevoir vos élèves. La maison est grande et contient de vastes salles, les pelouses fourniront de belles cours de récréation. Je suis en ville dans ce moment, je ne vous gênerai donc pas. Si vous le voulez, dès aujourd'hui, je vais prendre mes dispositions pour que vous puissiez vous organiser. » C'est les larmes aux yeux que le directeur remercia le général. Si généreuse qu'elle fût, cette proposition, pour des raisons d'ordre pratique, ne put être acceptée ; mais la reconnaissance envers celui qui la fit si noblement n'en fut pas amoindrie.

Quelque importante que fût cette œuvre de la Croix-Rouge, et quel que fût le dévouement qu'il y apportât, au fond, pour le général, ce n'était qu'un pis-aller. Son cœur était ailleurs. Il avait renouvelé, le 18 août, sa demande d'un commandement actif, mais les jours, les semaines, les mois même passaient et rien ne venait. Il en avait finalement pris son parti. « On ne m'appellera sûrement pas », disait-il un jour, tristement, à un de ses amis. Pour faire diversion à ses désirs, il s'absorbait de plus en plus dans ses fonctions à l'hôpital et tâchait de n'y plus penser. Mais on y pensait pour lui.

Son frère, M. Léonce de Montenon, voyant le chagrin qu'avait son aîné de ne pouvoir partir, sans lui en rien dire, écrivit au général D..., alors secrétaire général du président de la République, qu'il connaissait depuis longtemps. Il le priait de voir le ministre de la guerre, de lui rappeler la haute valeur du général de Montenon, une des gloires de la cavalerie française, et de lui demander comme un service personnel de donner sans tarder un commandement à cet officier général, qui jouissait de l'estime et de la confiance de toute l'armée. Le général D... répondit de suite qu'il ferait le nécessaire, et trois semaines après, le général de Montenon était rappelé au service. Il ne connut jamais cette demande de son cadet ; mais il ne l'eût certainement pas désavouée, lui qui, en 1870, dans la crainte d'être laissé au quartier, ne parlait de rien moins que d'écrire à l'empereur, et disait qu'on pouvait toujours demander à aller se battre.

Donc, un dimanche matin de la fin d'octobre, le général venait brusquement trouver l'aumônier : « Mon Père, je veux me confesser. J'ai reçu, à minuit, une lettre de service. On me convoque à Lyon. Je vais partir ce soir, à 10 heures. Je ne reviendrai peut-être pas, et je tiens à mettre toutes mes affaires en règle. La plus importante la première. »

Le soir, un de ses amis étant venu le saluer au moment du départ, le trouva sanglé dans son uniforme, les feuilles de chêne au képi, les étoiles au col, la lorgnette en bandoulière : il paraissait plus grand et plus jeune que jamais. Il avait d'ailleurs retrouvé sur le quai de la gare deux de ses anciens camarades de Frœchswiller et de Sedan, le colonel commandant la place et le capitaine de Moussac, arrivé à Dole depuis deux jours. Les vieux souvenirs se mêlaient aux émotions du présent.

Le général était déjà dans son wagon, debout à la portière : « Messieurs, dit-il, avant de partir, je veux vous dire au revoir... Adieu, peut-être ! Je veux embrasser l'un de vous pour tous. Je vous présente mon vieux compagnon d'armes et de captivité, le capitaine de Moussac. C'est lui qui vous dira mon adieu. » Il descendit du wagon, il pressa dans ses bras son ancien camarade, qui en pleurait d'émotion. Jusqu'au dernier moment, il ne cessait de manifester sa joie de pouvoir enfin aller à la guerre . « Je n'ai jamais été si heureux », disait-il.

CHAPITRE VI

En Campagne

Le général de Montenon eut une grosse déception. Le télégramme qui l'appelait était laconique comme ils le sont tous, et ne disait rien du poste auquel il serait affecté. En arrivant, il trouva l'ordre du ministre de la guerre, en date du 24 octobre 1914. Il était nommé au commandement de la 193e brigade d'infanterie, au camp de la Valbonne. Il aurait voulu partir tout de suite sur le front, et on lui confiait la charge d'instruire et de dresser à la guerre deux régiments d'infanterie.

Voici comment son chef d'état-major, avec lequel il eut, pendant toute la campagne les rapports les plus intimes, nous raconte sa première entrevue avec lui :

« En fin octobre, envoyé à Lyon comme chef d'état-major d'une brigade en formation, j'allai, dès mon arrivée, me présenter au général de Montenon, qui venait d'obtenir le commandement de cette unité.

« Je le rencontrai, montant à vive allure la pente escarpée qui, près de la gare, conduit au Terminus, et je le reconnus aussitôt d'après le portrait qui m'en avait été fait. Les rides profondes qui creusaient son visage ne m'apparaissaient que comme une marque de mâle énergie, et ne trahissaient pas les 70 ans de cet admirable cavalier resté si vert. Comme il se défendait de la bonté naturelle qui était en lui, il paraissait affecter de se montrer tout d'abord bourru et presque désagréable. A cette première rencontre je me sentis à la fois attiré et quelque peu déconcerté ! Que de fois, par la suite, j'assistai à des emportements courts et peut-être un peu factices, qui se terminaient par une preuve de bonté touchante ! »

Malgré son désappointement, en homme de devoir qu'il était, le général se mit de tout cœur à sa tâche et ceux qui ont vécu avec lui à ce moment rendent témoignage de son zèle et de son dévouement non moins que de ses connaissances militaires. Grâce à ses efforts et à ceux de ses collaborateurs, un détachement était bientôt prêt pour le front.

Quand le général dut faire ses adieux à ces hommes à qui il s'était attaché, et qu'il espérait peut-être mener au feu, l'émotion le gagna malgré lui :

« Je m'excuse, leur dit-il, d'un moment de défaillance. Je suis désolé. Le meilleur de mon cœur part avec vous. J'avais rêvé de vous commander ! Vous partez, fiers d'aller au feu. Nous restons, notre général de division, vos colonels et moi ; mais nous avons conscience d'avoir fait notre devoir pour former de bons et braves soldats !

« Allez donc, mes amis, rejoignez vos frères d'armes. Chassez les sauvages qui souillent notre France, délivrez nos familles, sauvez l'avenir de nos enfants. Ne nous oubliez pas ! S'il plaît à Dieu, nous vous rejoindrons bientôt avec les réserves que nous allons entraîner. Vive la France ! »

Le général de Montenon ne resta à la Valbonne que quelques semaines. Il quitta le camp en novembre 1914, pour venir dans le secteur Nord de Paris, et fut ensuite cantonné tantôt à Lagny, tantôt à Magny-en-Vexin et dans les environs. Le 9 mai, il écrivait, de Trilport :

« Je suis installé dans une villa-château successivement occupée par les Allemands et les Anglais. J'ai la chambre et le bureau de von Klück. Son nom est encore sur ma porte. Cette petite ville a vécu des heures d'angoisse. Le maire a

attributions personnelles ; et pas plus qu'à ses collaborateurs moins immédiats, il ne m'est jamais venu à l'esprit qu'il n'était pas toujours le chef qui préside aux moindres détails, parce que c'est de sa doctrine, de sa volonté, du désir de communier étroitement avec lui que s'inspiraient toutes les actions de ses subordonnés.

« Le général de Montenon n'écrivait peut-être pas dix lignes par jour, et ses ordres étaient d'une brièveté déconcertante au premier abord. Cependant, pas un détail ne lui échappait dans l'ensemble des services si complexes qui relevaient de lui ; pas un rouage de cette immense machine que constituent l'administration et le commandement d'une brigade sur le front, — brigade qui comprit jusqu'à dix mille hommes, — qu'il ne surveillât lui-même, mais avec une telle perspicacité, une telle science de son métier et une telle précision que, d'un regard, il voyait l'erreur, et, d'un mot, la rectifiait. »

Souvent le secteur était au calme et, de part et d'autre, les troupes étaient dans les tranchées. « Temps toujours superbe, écrit le général, le 15 septembre. De mon château, on voit à la lorgnette les tranchées boches : période d'accalmie, coupée par quelques canonnades sur le cantonnement, faisant plus de mal aux maisons qu'aux troupes. Les hommes, — ces braves territoriaux, — s'habituent rapidement. Échange de courtoisie avec les Boches. Il est presque convenu qu'on ne tire pas à l'heure de la soupe. L'autre jour, notre artillerie ayant rompu le contrat, ils ont fait, le lendemain, un tir de représailles sur les cantonnements. » Il ajoute, avec une pointe d'envie : « Nous entendons le canon de l'Argonne. Ça chauffe. » On sent qu'il aimerait mieux être en pleine activité, là où ça chauffe, que dans son secteur momentanément tranquille.

C'est donc la vie monotone que nos troupes ont connue pendant quatre ans. A peine quelques rares épisodes. « Ici, écrit-il un autre jour, même existence, agrémentée de quelques coups de canon faisant plus de bruit que de mal. Nous allons faire un petit déplacement, pendant qu'à notre gauche, assez loin, les grandes orgues font rage. Évidemment, cette façon de faire la guerre déconcerte.

« Les grandes manœuvres, comme vous dites, battent leur plein. Mais c'est un genre nouveau. Jadis, je galopais. Maintenant, je me terre ! Grand orchestre dans les airs, sur avion. Joli spectacle, d'ailleurs inoffensif. Ça ne touche jamais ! Sur terre, marmites, sans grand résultat, les hommes étant bien abrités. Les artilleurs se canardent mutuellement et je pense que nous ne démolissons pas plus leurs canons qu'ils ne touchent les nôtres, cachés et bien abrités. On dirait de la poudre aux moineaux ! Et elle coûte bon. Chaque coup de canon de campagne, environ 30 francs, et les gros canons, plusieurs gros billets. Tout cela, c'est le lever du rideau. Attendons l'attaque ! »

D'ailleurs, si la vie était monotone, elle n'était ni inactive ni infructueuse. « Sous son commandement, dit un de ses collaborateurs, la brigade, composée de dix bataillons de territoriaux venus d'unités différentes, prit rapidement de la cohésion et acquit les qualités d'une jeune troupe. Et ces bataillons firent leurs preuves quand le général de Montenon prit le commandement d'un secteur des plus importants, à l'est de Reims, secteur qui comprenait un des éléments essentiels de la défense de la ville, le fort de la Pompelle. Il s'occupa d'abord à perfectionner l'organisation défensive, passant ses journées aux tranchées. Il s'y rendait, « ce grand vieillard de 71 ans, sur un jeune pur-sang dont il achevait sous le feu le difficile dressage. Et il y allait tous les jours. » Pendant qu'il en revenait, un soir, avec son divisionnaire, le général Bizot, il lui arriva un petit accident qui fut très sensible à son amour-propre de cavalier. Son cheval, ayant glissé, se renversa sur lui. Il se releva et se remit en selle ; mais le choc avait été rude, et le général Bizot n'était pas sans quelque inquiétude, craignant qu'il n'y eût une lésion intérieure. Dès le lendemain, il alla le voir : il le trouva debout, d'assez mauvaise humeur, et furieux surtout de ce que son chef vînt prendre de ses nouvelles. « Mais je ne suis pas malade, lui répondit-il brusquement. Je pars pour la tranchée. »

Le calme n'allait pas toujours durer. Peu à peu, l'orage s'approchait. « Quant à moi, écrivait-il le 26 septembre, je ne chôme pas. Rentré juste à temps pour recevoir et exécuter des ordres pénibles, je fais partir du monde et j'en reçois de nouveau. Mes colonels grognent , et moi aussi. » Et, le 1er octobre : « Pendant la grande bataille que vous disent les journaux, je tiens avec mes vieux un grand front de tranchées non loin de la zone où on attaque à fond. Nous avons peu de pertes, mais grand orchestre. » Cette fois, c'est bien la bataille, et on sent que le général de Montenon est dans son élément. Il tâche de rassurer les siens qui s'inquiètent : « Il ne faut rien exagérer sur notre situation à nous, et les dangers que nous pouvons courir. Je vous disais, et c'est la vérité, que nous n'étions pas dans la fournaise. Non loin de nous, pendant 72 heures, c'était une canonnade dont on ne peut se faire une idée. C'est effroyable ! Du côté français, on a tiré pour une vingtaine de millions de projectiles ! Nous autres, nous tenons toujours des tranchées, distantes parfois de 50 mètres de celles de l'ennemi. Là, c'est un échange intermittent de coups de fusils, de grenades, de bombes, de coups de canon. Dans les tranchées, peu de pertes, parce que les hommes ont de bons abris. Mais les cantonnements où les hommes viennent périodiquement au repos sont bombardés fréquemment à grande distance et alors, on est peut-être moins en sécurité qu'aux tranchées... »

Il continue d'ailleurs, comme quand le calme régnait, à aller auprès de ses hommes : « Pour voir ce qu'ils font et les encourager, je fais chaque matin une tournée aux tranchées. » Mais s'il ne craint pas les dangers pour lui, il ne manque pas de prudence pour ceux qui sont avec lui. « J'ai dû quitter mon poste de commandement trop dangereux, où mon monde était exposé inutilement et a reçu le baptême du feu, attristé par la perte du caporal, que tout le monde aimait bien. Tony Chabeaud et le capitaine Morand l'ont échappé belle en allant le ramasser » (1).

Le capitaine Morand, dont le général signale en passant le courage héroïque, complète, de son côté, sans le savoir, le récit de son chef, quand il dit, dans les notes où nous avons déjà puisé si largement : « J'ai vu couler des larmes sur ce visage émacié, un soir où un de mes jeunes secrétaires venait d'être tué près de nous. »

Ce n'est pas la seule fois où le collaborateur de tous les jours vit des marques d'attendrissement sur le front de ce rude soldat : « Un soir de fin octobre 1915, nous dit-il, la situation paraissant grave, le général me demanda de quitter le poste de commandement pour aller remplir une mission que, croyant plus dangereuse qu'elle n'était en réalité, il voulut d'abord se réserver ; il me serra affectueusement la main et, alors qu'il se détournait pour dissimuler son émotion, j'aperçus une larme qui coulait. Le moindre troupier, ajoute le capitaine, devinait vite tout ce qui se cachait de bonté sous une apparente rudesse. »

De ce mélange de sévérité et de bonté, il nous donne une preuve délicieuse dans l'anecdote suivante : « C'était près du fort de la Pompelle, le point le plus important et le plus attaqué de notre secteur. Dans une plaine, en vue des tranchées allemandes, et à une distance de moins de trois kilomètres des

(1) Le général ajoutait : « Avez-vous reçu la lettre dans laquelle je vous demandais deux messes pour Garapon ? » Il montre ainsi le cœur tendre et bon qui battait sous l'écorce rugueuse.

premières lignes, il aperçoit trois ou quatre hommes marchant en tirailleurs ; il devine rapidement à quelle occupation ils se livrent, au mépris de tous les règlements. Dans son for intérieur, lui, le plus passionné des chasseurs, doit les comprendre et les excuser, mais pour bien des motifs, la poursuite du gibier est formellement interdite ; et seul, au galop du jeune pur-sang qu'il a pris à l'entraînement au début de la campagne, et qui n'a pu se faire au bruit du canon, il part vers les délinquants, court de l'un à l'autre, dans la mesure où sa monture affolée le lui permet, arrive à les rassembler, leur annonce les plus terribles punitions et repart sans même s'être assuré de leur identité. » La leçon était suffisante, et les poilus, bien décidés à ne pas recommencer, furent reconnaissants à leur général de s'être mis dans l'impossibilité d'exécuter ses effrayantes menaces. Ils n'allaient pas tarder à lui donner, avec leurs camarades, la preuve qu'ils étaient plus ardents encore à la chasse de l'ennemi qu'à celle du gibier.

Le 20 octobre, en effet, une grande attaque est déclenchée par les Allemands qui, pour la première fois, font usage de gaz empoisonnés. Nous laissons de nouveau la parole au capitaine Morand-Monteil : « Le secteur fut violemment attaqué. Les territoriaux du général de Montenon se défendirent avec la même énergie que les éléments actifs qui leur avaient été adjoints ; malgré les pertes subies, — un des bataillons fut réduit à 200 hommes, une compagnie à 17, — pas un pouce de terrain ne fut cédé. Les soldats du général de Montenon eurent au cours de ces rudes journées une part prépondérante dans le succès des troupes du général Bizot, cet autre grand soldat qui, par son entrain, sa bonne humeur, sa vivacité, apparaissait au premier abord si différent de son second et qui, en réalité, lui était si semblable par les qualités de cœur, d'intelligence et d'ardent patriotisme. Tous deux avaient toujours les mots qui partent du cœur et vont au cœur. »

Le général de Montenon est heureux de rendre lui-même témoignage à ses hommes. « Nous avons eu, écrit-il le 24 octobre, de très chaudes journées ; attaqués par les gaz qui nous ont fait beaucoup de mal, nos hommes se sont bien tenus ; beaucoup ont succombé asphyxiés ; un certain nombre de tués ; échec pour l'ennemi. » Et, le lendemain : « Nous sommes au repos après de sombres journées, et c'est bien le mot, car c'est pénible de voir étouffer de braves soldats. Ils se sont très bien tenus sous les gaz et le bombardement. Ces misérables Boches n'ont pu déboucher. Ils en sont pour leur honte, ces misérables empoisonneurs ! »

Il ajoute : « Nous avons eu, ce matin, un service religieux avec pèlerinage au cimetière, cela sous le canon remplaçant les grandes orgues. » Service d'action de grâces sans doute et de prière pour les morts.

Les graves préoccupations du moment ne lui font pas oublier Celui qui tient en ses mains la victoire, ni les âmes de ceux qui sont généreusement tombés pour la France. Elles n'étouffent pas non plus les sentiments intimes et les affections de la famille, comme en témoignent ces dernières lignes, délicieuses de simplicité : « J'embrasse Tennette, qui embrassera Françoise, laquelle embrassera Colette, et toutes deux donneront une claque à Henri. Et moi, je vous embrasse tous. »

A la suite de la résistance héroïque dont nous venons de parler, le général de Montenon fut cité, par le général Franchet d'Esperey, à l'ordre du jour de la 5e armée, dans les termes suivants : « Malgré ses soixante et onze ans, a obtenu le commandement d'une brigade d'infanterie. Montre en toutes circonstances, dans ses fonctions, une activité remarquable, et un mépris absolu du danger. »

Nous sommes, ici, à l'apogée de la vie du général de Montenon. Il arrive parfois que le soleil, après s'être levé brillant, est emprisonné tout de suite par les nuages, et lutte pendant toute la journée sans arriver à les percer. Vers le soir seulement, à la suite d'un violent orage, une déchirure se fait au firmament, et, pendant une heure ou deux, l'astre radieux jette partout ses flots de lumière, puis les nuées l'enveloppent de nouveau et il s'en va ainsi vers son déclin. N'est-ce pas l'image de la vie de notre ami ? Après les enthousiasmes de juillet 1870, sont venues les tristesses de la captivité, les longues années de la vie de garnison, endeuillées par le souvenir de la défaite, le travail obscur et silencieux de la préparation d'une revanche toujours espérée, mais jamais entrevue, la retraite avec ses amertumes. Mais voilà qu'un violent coup de tonnerre a déchiré la nue et réalisé enfin, au moment où l'on n'osait plus s'y attendre, le rêve caressé pendant un demi-siècle !

Vaincu par les Allemands, emmené par eux en captivité, le général de Montenon, pendant plus de quarante ans, avec une rare conscience, une énergie admirable, et un absolu désintéressement, a travaillé à former des soldats et des chefs, à construire et à monter pour sa part ce puissant et solide organisme qui constitue l'armée française. Et voilà qu'enfin Dieu lui donne de jouir du fruit de ses travaux. Il se retrouve de nouveau en face des Allemands, non plus en vaincu et en captif, mais en lutteur intrépide. Il n'en est plus réduit à fuir devant eux ; avec ses braves territoriaux, il leur oppose un obstacle invincible, et il peut écrire ces paroles dont la simplicité n'enlève rien à leur grandeur : « Ils [ses soldats] se sont bien tenus sous les gaz et le bombardement. Ces misérables Boches n'ont pas pu déboucher ! » En somme, c'est le cri des héros de Verdun : « Ils ne passeront pas ! » Et ils ne sont pas passés.

Et un jour, sur un coin de l'immense front, au cours d'une lutte acharnée, le général de Montenon, l'ancien vaincu de Reichshoffen et de Sedan, l'ancien prisonnier de Mayence et de

Wiesbaden a connu la joie et mérité la gloire de contribuer à leur barrer la route. Voilà la revanche qu'il osait annoncer dans sa dernière lettre datée d'Allemagne.

Et dès lors, peu à peu, les nuages se reformeront et le général s'inclinera vers la tombe. Il a travaillé, il s'est battu pour la France, il souffrira maintenant pour elle.

Après cet épisode émouvant et glorieux, ce fut, en effet, de nouveau la vie monotone des tranchées. Le général de Montenon reste plein de dévouement pour ses hommes, continue à aller les voir chaque jour, et à passer de longs moments au milieu d'eux. Il s'occupe aussi de ceux qui sont dans les campements, les inspecte souvent, s'informe s'ils sont convenablement traités, si les infirmiers et brancardiers font leur devoir, comme en témoigne l'ordre du jour suivant : « Le général a visité les hôpitaux de la région, où les officiers, sous-officiers et soldats de la brigade sont très bien soignés et généralement en voie de guérison. Beaucoup d'entre eux doivent leur vie au dévouement des médecins de service aux tranchées dans les nuits des 19 et 20 octobre. Dans ces circonstances graves, tous les postes de secours de la brigade, en particulier ceux de Sillery et du Petit-Sillery, ont fait preuve d'un courage et d'un dévouement au-dessus de tout éloge. Médecins, infirmiers, brancardiers se sont dépensés jusqu'à extinction de leurs forces. Quatre d'entre eux payent de leur vie leur dévouement professionnel. Le général remercie les médecins et tout leur personnel. Il leur adresse ses félicitations au nom de la brigade. Aux armées, 10 novembre 1915. »

Il ne se contente pas, d'ailleurs, d'imposer aux autres la discipline : il l'observe lui-même envers son général de division en particulier. La situation était assez délicate, le général Bizot était le cadet du général de Montenon. Celui-ci se montra toujours admirable d'abnégation, de déférence et de soumission envers son chef hiérarchique. Nous le tenons du divisionnaire lui-même, qui nous demanda expressément de mentionner son témoignage.

Ainsi, la vie s'écoulait, monotone peut-être, intéressante tout de même et, sans aucun doute, très fructueuse.

L'heure des grandes épreuves approchait pour le général. Ce fut d'abord un deuil de famille. Son gendre, le capitaine de la Villerabel, soldat de race, lui aussi, lieutenant de réserve quand la guerre éclata, était parti dès les premiers jours de la mobilisation, dans les rangs du 12e hussards. Il faisait vaillamment son devoir, mais le rôle limité imposé à la cavalerie pendant cette guerre de tranchées pesait à son activité et il demanda à entrer dans l'aviation. C'était en 1915. Cette arme n'avait pas encore acquis les perfectionnements qui furent réalisés plus tard, et elle était alors particulièrement dangereuse. Aussi, quand le capitaine de la Villerabel exposa sa requête à son général, celui-ci lui répondit paternellement : « Mon cher ami, j'admire votre courage, mais je vous invite à réfléchir. Vous êtes marié, vous avez une femme et quatre enfants ; vous n'ignorez pas combien est périlleux le poste que vous demandez. — J'ai bien réfléchi, mon général, d'ailleurs, lisez ceci. » C'était une lettre de sa vaillante compagne, à qui il avait exposé son désir et qui lui répondait : « Je ne m'opposerai jamais à ce que vous accomplissiez votre devoir jusqu'au bout. Allez, si vous croyez pouvoir ainsi mieux servir la France. » Le général n'avait qu'à s'incliner, plein d'admiration pour un pareil courage. Après le temps réglementaire d'apprentissage, le capitaine de la Villerabel fut incorporé parmi les aviateurs d'observation. Or, dans une de ses premières sorties, il fut frappé en plein front par la balle d'un aviateur ennemi et tué sur le coup.

Le général de Montenon en éprouva un profond chagrin, parce qu'il aimait beaucoup son gendre et aussi parce qu'il songeait aux quatre pauvres petits que sa mort laissait orphelins. N'avait-il pas aussi, pour augmenter sa douleur, la pensée que lui-même allait peut-être bientôt leur manquer ?

Un autre coup ne tarderait pas à l'atteindre personnellement. La loi sur le rajeunissement des cadres le forcerait à quitter l'armée. Il en avait, depuis quelque temps, le pressentiment. Il écrivait, en effet, le 11 mars : « Je vous disais, l'autre jour, qu'on ne voulait plus des vieux. Mon divisionnaire Bizot me téléphone qu'il est relevé de son commandement et remplacé par un divisionnaire de l'active. Pourtant, il est resté jeune de corps et d'esprit. Je m'attends donc à le suivre un de ces jours dans sa retraite. Ces déboires personnels ne comptent pas dans les circonstances actuelles. Il faut savoir tout accepter, tout supporter et tout donner ! » Quel beau programme contenu dans ces trois derniers mots ! Ils résument admirablement la vie militaire du général de Montenon, toute faite de sacrifice, de soumission et de générosité !

Le coup prévu ne se fit guère attendre et il arriva d'une façon et dans des circonstances particulièrement douloureuses. Le général de Montenon était en congé à l'occasion de la mort du capitaine de la Villerabel quand il fut relevé de son commandement, et une dépêche brutale le lui apprit au moment où il allait partir pour reprendre son poste sur le front. Suivant son magnifique programme, il accepta, supporta et acheva de donner. Après ces deux années de campagne, dont six mois sous les obus de Reims, il restait encore vert et alerte. On aurait pu croire que le repos qu'il allait enfin pouvoir prendre maintiendrait sa vigueur et prolongerait sa vie. Ceux qui le connaissaient avaient, au contraire, le pressentiment que le chagrin de quitter l'armée et l'inaction après une vie si mouvementée ne tarderaient pas à le tuer. Ce serait une nouvelle manière de donner.

CHAPITRE VII

La suprême Étape

Rentré dans son château de Crissey, le général de Montenon souffrit du désœuvrement bien plus encore qu'avant la guerre. Ce n'était plus le moment, et il n'en avait plus le goût, d'ailleurs, de se livrer à son sport préféré et de passer une partie de ses journées dans la forêt de Chaux ou sur les bords de la Loue. Sans doute, il avait toujours sa place à la tête du comité de la Croix-Rouge. Quand il était parti, il avait été convenu qu'on la lui garderait, et, sur la porte du bureau du président, on lisait encore la grosse affiche des premiers jours : Bureau du général. Pourtant, la situation était changée, il s'en rendait compte. D'abord, l'hôpital n'était plus à installer, puisqu'il fonctionnait depuis deux ans, et c'était surtout l'organisation qui l'avait occupé jusqu'à son départ pour l'armée. Et depuis cette époque, on s'était habitué — il le fallait bien — à marcher sans lui. Et l'hôpital, d'ailleurs, était merveilleusement dirigé, au point que tous les inspecteurs du service de santé, ordinaires et extraordinaires, ne cessaient d'en vanter la bonne marche, et de le placer au premier rang des établissements sanitaires de la région. Le général reprit donc, sur le désir et à la satisfaction de tous, ses fonctions de président, mais il n'y trouva plus le même aliment à son besoin d'action. Il ne restait pourtant point à l'écart ; il venait régulièrement, au moins plusieurs fois par semaine, sinon tous les jours, passait dans les salles, et parlait aux uns et aux autres. Il prenait part à toutes les petites fêtes organisées pour agrémenter le séjour des malades. Il servait de liaison entre le comité de Dole et le grand comité de Paris. Il s'entremit, en particulier, avec autant de zèle que d'habileté diplomatique, pour obtenir que certaines salles, non utilisées par l'hôpital, fussent rendues au collège, où l'on en avait un pressant besoin, pour recevoir les nombreux enfants qui se présentaient de toute part.

Invité, en 1916, à présider la distribution des témoignages — les prix étant supprimés — aux élèves du collège, il accepta volontiers. Son nom, son titre de général, ses deux années de campagne lui donnaient auprès des jeunes gens un relief prestigieux. Quand ils le virent s'avancer, en uniforme, avec sa grande taille, de son pas alerte, ils lui firent une chaleureuse ovation. Il leur parla avec cette éloquence mâle et ferme dont il avait le secret :

« Soyez sans crainte, mes chers amis. Je ne retarderai pas, par un discours, l'envolée des vacances.

« A l'école de la guerre, on apprend à prêcher par l'exemple plutôt que par la parole.

« L'exemple, voilà la véritable éloquence militaire : elle va droit au cœur.

« Si vos maîtres ont fait au vieux général, retour du front, l'honneur de vous présider aujourd'hui, c'est qu'ils ont voulu honorer l'armée, ces combattants qui opposent une digue insubmersible au flot des barbares. Ils les bouteront dehors, donnant ainsi à votre génération un magnifique exemple de patriotisme et d'héroïsme, bien fait pour exalter dans vos jeunes âmes l'amour du drapeau, la haine de l'ennemi, qui profane nos sanctuaires, qui voudrait anéantir notre France, notre génie national, réduire à l'esclavage nos familles déjà décimées par la guerre...

« Exemples que rappellent à vos yeux : La croix de guerre de vos professeurs, qui, après avoir donné leur sang, vous consacrent ce qui leur reste de force ;

« La croix de guerre de ces glorieux blessés qui vivent à côté de vous sous le toit hospitalier du collège de Notre-Dame de Mont-Roland.

« Le souvenir de ces enfants du collège, dont, l'an passé, à pareil jour, on vous narrait la conduite héroïque et la mort glorieuse.

« Voilà des modèles !

« Vous voudrez les suivre, et vous vous y préparerez par un travail assidu, et en pratiquant avec ardeur les leçons de vos maîtres.

« Les Jésuites, mes enfants, sont habiles à former des hommes. Naguère, ils donnaient à l'armée les Foch, les Castelnau, les Fayolle, pour ne nommer que ceux-là. Les Pères et leurs élèves cités à l'ordre des morts au champ d'honneur sont légion. Ils veulent que vous soyez dignes de vos anciens.

« Ils veulent développer vos intelligences et tremper vos caractères par une éducation solide.

« Ils feront de vous de bons Français, de bons chrétiens.

« Par conséquent, de bons soldats !

« Des hommes utiles, prêts à remplacer les disparus, à entrer vaillamment dans la lutte pour travailler, après la tempête, à la renaissance d'une France chrétienne ! »

On comprend aisément avec quel enthousiasme de pareils accents, tombant des lèvres d'un homme qui avait, lui aussi, admirablement prêché d'exemple, furent accueillies par son jeune auditoire. On crut que les applaudissements feraient tomber le plafond de la salle.

Quelques solennités de ce genre, plusieurs voyages en famille, ajoutés aux occupations ordinaires, soit chez lui, soit à l'hôpital, finissaient par remplir les journées du général de Montenon ; pas son esprit ni son cœur.

Il avait toujours la nostalgie de l'armée. « Rien, dit encore le capitaine Morand-Monteil, ne pouvait lui faire oublier le front et sa chère brigade. Il lui arrivait de partir pour venir causer quelques jours avec moi, qu'une blessure par gaz, reçue auprès de lui, avait obligé à accepter des fonctions à l'ambassade de Berne. Dans cette retraite si douloureuse pour lui, il m'apparaissait tout aussi grand soldat et d'une bonté plus touchante encore. Je conserve, comme de précieuses reliques, des lettres à la fois laconiques et pleines de sentiments si élevés que je recevais de temps à autre, jusqu'au moment où la maladie l'a terrassé.

« Le général de Montenon, poursuit-il, est un de ces chefs pour lesquels on se sent une vénération plus profonde encore, quand on les a perdus, et dont ceux qui ont eu la rare fortune de vivre dans leur intimité doivent regretter de n'avoir pas mieux mis à profit les admirables leçons. »

En somme, ces deux dernières années de la guerre se passèrent assez tristement pour lui. Il suivait avec intérêt les phases du combat, mais le chagrin de n'être plus sur le théâtre de l'action le minait sourdement.

Une dernière joie pourtant lui était réservée, et il l'avait bien méritée; celle de voir le triomphe définitif de la France ! Nous nous souvenons du rayon d'espoir qui l'illumina quand nous eûmes la bonne fortune de lui annoncer, sur la colline de Mont-Roland, où il suivait, avec quelques autres bons catholiques, les exercices de la retraite, que le maréchal Foch avait enfin pris l'offensive, que les Allemands commençaient à reculer, et que nos troupes semblaient avoir la maîtrise des opérations. On se rangeait autour de lui, il expliquait, le journal en main, les différents mouvements des armées et les commentait. On sentait que toute son âme était là. Pendant les quatre mois que dura cette marche à la victoire, il eut comme un regain de vie. Il se voyait sur le point de toucher au but poursuivi pendant un demi-siècle. Les Allemands, en effet, poussés par nos soldats, l'épée dans les reins, repassaient successivement les rivières qu'ils avaient franchies dans leur offensive : l'Oise, la Somme, la Marne, et, obligés de reculer sans cesse, menacés d'un enveloppement général qui eût été pour eux un écrasement complet, demandaient enfin la cessation des hostilités et signaient l'armistice imposé par le généralissime des troupes alliées.

Cette fois, le succès était complet. Après quatre ans d'une lutte acharnée, dans laquelle ils avaient employé toutes les ressources de la guerre, les Allemands étaient forcés de s'avouer vaincus. Donc, les espoirs n'avaient pas été trompeurs. Donc le travail silencieux et obscur de quarante ans pour réorganiser l'armée française n'avait pas été vain. Donc, l'ancienne vaillance gauloise avait eu raison, sur le champ de bataille, de toute la puissance, de toutes les ruses, de toute la perfidie de l'ennemi. Le général de Montenon comprenait la grandeur de cette victoire ; personne n'était mieux placé que lui pour l'apprécier. Il en jouissait pleinement. Ne semble-t-il pas qu'il pouvait maintenant, comme le vieillard de l'Évangile, chanter son *Nunc dimittis ?* L'émotion et la joie n'allaient-elles pas porter le dernier coup à cette vigoureuse nature que les plus dures fatigues n'avaient pas abattue, mais que deux années d'inaction avaient fini par ébranler ? Ou, plutôt, la divine Providence ne voulait-elle pas laisser ce vaillant soldat sur la joie de voir comment la France avait gagné la guerre sans lui laisser le temps de connaître les difficultés qu'elle aurait, comme on l'a dit si souvent, à gagner la paix ?

Peu de jours après la signature de l'armistice, dans le courant de novembre, une crise subite et imprévue obligea le général à se mettre entre les mains des chirurgiens. Et il vint se faire soigner dans cet hôpital qu'il avait organisé lui-même avec une si grande sollicitude, quatre ans auparavant. Il y fut reçu avec tout l'empressement qu'inspirait la reconnaissance. Tout de suite, le mal parut assez sérieux. Une opération grave s'imposait. On résolut de la faire en deux étapes : la première suffirait pour soulager le malade et, plus tard, une seconde, définitive, aurait lieu, quand il pourrait plus facilement la supporter.

Nous n'avons pas besoin de dire qu'il fut admirablement soigné. Mme de Montenon était presque constamment auprès de lui. Son frère, M. Léonce de Montenon, accouru, dès la première alarme, du fond de la Mayenne, et représentant auprès de lui sa famille, ne cessa de l'entourer de témoignages de vraie affection et resta auprès de lui plusieurs semaines. Mme de la Villerabel, de son côté, quittait précipitamment les bords de la mer, où elle était sur l'ordre formel du médecin, pour la santé d'un de ses enfants, et venait s'installer pendant plusieurs jours à son chevet. Enfin, le personnel de l'hôpital, médecins, infirmiers et infirmières, rivalisait auprès de lui d'affectueux dévouement.

Une crise d'urémie s'était produite et, par suite, un commencement d'intoxication ; le malade ne s'alimentait presque plus ; les médecins s'inquiétèrent ; on redoutait surtout que le cerveau ne se prît de plus en plus, et on jugea prudent, dans un moment de plus grande lucidité, de proposer au patient les sacrements de l'Église, afin qu'il pût les recevoir en pleine connaissance. Quand il eut compris, il regarda M. de Montenon, son frère, qui se tenait près de lui et, d'une voix nette et forte : « Oui, dit-il, c'est dans les traditions de notre famille. On n'attend pas, chez nous, pour remplir ce devoir. » Il accomplit la pieuse cérémonie avec beaucoup de calme et une grande foi, répondant lui-même aux magnifiques prières de la liturgie.

D'ailleurs, l'aggravation que l'on redoutait ne se produisit pas. Le général commença à prendre suffisamment de nourriture et, peu à peu, les forces revinrent. Entre temps, les malades, par groupes, avaient été évacués, en sorte que celui qui avait fondé cet hôpital fut le dernier qui y reçut des soins.

Il ne tarda pas à être, à son tour, en état de rentrer au château de Crissey.

On comprend ce qu'il en coûta, à un homme qui avait mené une vie si active, de se voir condamné à garder le lit, au moins pendant une grande partie de la journée, et l'on devine les efforts héroïques qu'il était obligé de faire pour pratiquer la patience envers ceux qui s'occupaient de lui !

La convalescence s'accentuait et, déjà, le malade pouvait se tenir debout et même descendre au jardin assez longtemps. Il restait un gros point noir à l'horizon. L'opération, nous l'avons dit, avait été amorcée, mais n'était pas faite. Serait-il prudent de s'y soumettre ? On hésitait de part et d'autre.

Finalement, sur le conseil du docteur Zislin, il se décida, et, en mai 1919, il se rendit à Paris. Nous allâmes encore le saluer à la gare. Hélas! ce n'était plus le départ triomphant de novembre 1914, quand il répondait à l'appel du ministre de la guerre ! « J'y vais, disait-il, parce que je crois que c'est mieux ! A la volonté de Dieu ! » Son médecin de Dole, le docteur Raffour, l'accompagnait. On l'installa dans une excellente clinique de la rue Violet, où il reçut, de la part du docteur Zislin et des infirmières, les soins les plus éclairés et les plus dévoués, et après quelques jours d'observation, en toute liberté, voulant tenter les chances d'une guérison qu'on lui disait possible, il se décida à laisser faire le chirurgien. L'opération eut lieu d'une façon normale. Le malade supporta parfaitement le choc ; et, pendant quelques semaines, tout alla si bien qu'on croyait la partie définitivement gagnée. Le patient n'avait pas de fièvre, les forces ne diminuaient pas et quand, pour la première fois, on le mit debout, il marcha avec une facilité qui étonna son entourage.

Mais lorsqu'on voulut avoir une preuve sensible que l'effet cherché par l'opération était réalisé, il fallut bien se rendre à l'évidence ; on n'avait rien obtenu. On tâcha de lui donner le change, en organisant un nouveau système de soins ; mais il ne s'y trompa pas. Il avait tout compris ; il ne dit pas un mot. Quelle amère déception ce fut pour lui et quel rude calvaire il commença à monter !

Il se rendait compte de son état, le suivait et le raisonnait jour par jour, heure par heure, pour ainsi dire, assistant lui-même à ce dépouillement complet de sa personne, à l'effondrement de ses forces physiques et morales, et acceptant, au fur et à mesure, tous les sacrifices.

Les soins à prendre devenaient de plus en plus nombreux, de plus en plus douloureux aussi, malgré toutes les précautions. Les médecins, qui voulaient tout tenter, les multipliaient, augmentant ainsi les souffrances, mais aussi les mérites. Il fallut reprendre le lit d'une façon permanente. Or : « Je suis, disait-il, un malade qu'on tue par le lit ! » Pour combattre un hoquet presque ininterrompu, on dut lui imposer un régime qui diminua encore ses forces. Bientôt, il eut des accès terribles de fièvre qui le prenaient par des tremblements nerveux d'une demi-heure ; la température montait à quarante ou quarante et un degrés, pour redescendre, le soir, au-dessous de la normale ; c'était l'infection qui commençait. Peu à peu, on supprima les petites occupations distrayantes, comme la lecture du journal. Les visites de parents et d'amis, particulièrement celle du général Bizot, son divisionnaire pendant la campagne, et celle du colonel Durfort, quotidienne pendant quatre mois, lui avaient été au début un grand réconfort ; il en avait reçu de nombreuses qui lui avaient été extrêmement agréables. Maintenant, elles devenaient une fatigue, et il fallait y renoncer.

Le P. Léonce de Grandmaison (1), à qui son directeur de Dole l'avait recommandé, venait le voir fréquemment et suivait toutes les phases de la douloureuse étape. Il réconfortait le pauvre patient ; en sortant de sa chambre, il disait quelquefois : « Voilà la bonne souffrance, celle qui porte des fruits. »

La grande force de ce vrai chrétien, durant ces longues semaines, était la prière. Il la voulait courte, mais fréquente. « Allons, disait-il aux siens, un peu de prière ! » Et cette prière, il la faisait avec une foi, une ardeur dans lesquelles il mettait toute son âme et tout le reste de ses forces. C'est à la Sainte Vierge qu'en fils aimant et dévoué, il s'adressait le plus volontiers. Plusieurs fois aussi, le Sauveur Jésus vint réconforter par sa présence ce vaillant soldat. Homme de discipline, son mot d'ordre était toujours celui-ci : « Que la sainte volonté de Dieu soit faite ! » Que de fois ne le répétait-il pas dans une même journée !

A un moment où la douleur était plus violente que de coutume, il dit : « Comme il faut avoir offensé Dieu pour mériter pareil châtiment ! — La souffrance, lui répondit-on, n'est pas toujours une punition, mais le plus souvent, dans la pensée divine, une occasion de gagner des mérites pour le Ciel. — Oh ! que vous me faites de bien ! », ajouta-t-il.

A mesure que le malade voyait approcher le moment du départ suprême, le souvenir des siens devenait plus fréquent et plus tendre. Il parlait de ses petits-enfants, qui allaient devenir deux fois orphelins : « Pauvres enfants, disait-il, je n'ai pas le courage d'y songer. »

Il y pensait pourtant et d'une façon efficace, et il voulait

(1) Le P. de Grandmaison est le frère du général de Grandmaison, tué au début de la guerre, et qui avait servi à Annecy, sous les ordres du général de Montenon.

leur donner un appui pour les soutenir quand il ne serait plus là. Au mois de juillet, son cousin germain, le lieutenant-colonel Jean de Montenon, étant venu à Paris avec son régiment, pour le défilé de la victoire, il lui dicta une lettre pour son frère Léonce, dans laquelle il lui recommandait sa femme, sa fille adoptive et ses petits-enfants, et il la signa (1).

Le général avait réglé toutes ses affaires, spirituelles et temporelles ; il allait s'enfoncer pour ainsi dire davantage chaque jour dans la souffrance et dans l'amoindrissement de lui-même, et il s'en rendait un compte inexorable. « Je n'ai plus de volonté, disait-il, qu'allez-vous faire de moi ? » Les nuits amenaient de terribles cauchemars, qui harassaient le pauvre malade. C'était des trahisons, des défaites, du déshonneur pour les siens ! Il était haletant ! Il fallait le rappeler à la réalité. « Ce n'est donc pas vrai ? s'écriait-il. Vous en êtes sûrs ! Eh bien ! cet état est écrasant ! » Il disait quelquefois : « Quand j'ai une idée, je cherche le mot, et quand j'ai trouvé le mot, j'ai perdu l'idée. » Quel supplice pour un homme de sa valeur de se sentir ainsi diminuer chaque jour !

Enfin, la fièvre absorbait de plus en plus le malade, qui parlait peu ; les soins devenaient de plus en plus pénibles, l'alimentation était nulle, les forces décroissaient rapidement. Tout le monde sentait que la fin était imminente, excepté sa pauvre femme. Pour lui éviter le suprême chagrin de voir mourir son mari à la clinique, on lui disait que les beaux soleils d'automne — on était en septembre — feraient du bien au cher malade. Elle ne comprenait pas. C'est sans doute providentiel, car il eût été bien difficile, à Crissey, de donner au patient tous les soins qu'il recevait à Paris. Dans les pre-

(1) Cette lettre n'est jamais parvenue à destination, mais celui qui avait servi de secrétaire en a donné la teneur au destinataire, la veille des obsèques du général, dans le salon de Crissey, devant Mme de Montenon, Mme de la Villerabel et plusieurs autres personnes de la famille.

miers jours d'octobre, ses yeux s'ouvrirent enfin, et elle n'eut plus qu'un désir : ramener son mari à Crissey. Dans un conseil, où étaient réunis autour d'elle le frère du général, M. Léonce de Montenon, les médecins et un ami très dévoué, sur ses instances, le voyage fut autorisé.

Lorsque sa femme prépara le général à ce retour, il lui demanda : « Est-ce que vous en avez le désir ? — Si les médecins le permettent, ajoute Mme de Montenon, que ferez vous ? — Je me laisserai faire. » Toujours la soumission à la divine Providence !

Le 8 octobre, vers 6 heures du matin, Mme de Montenon disait au revoir à son mari, se demandant, hélas ! si ce n'était pas un adieu, et allait prendre le train de Dole. Une heure plus tard, le général était installé avec son médecin, le docteur Raffour, qui l'avait amené cinq mois auparavant, et une infirmière, dans une automobile de la Croix-Rouge, très bien aménagée, toute en glaces. Les ordres étaient donnés pour ne pas s'arrêter avant Crissey, quoi qu'il arrivât.

Le voyage se fit en de bonnes conditions. De sa voiture de verre, le général put suivre la route, et il demandait souvent où on était. Pour un peu, il aurait pris sa carte d'état-major, comme il le faisait autrefois, au cours de ses voyages, pour se rendre compte du chemin parcouru. Enfin, après douze heures de marche, la voiture stoppa devant le grand perron du château de Crissey. Pendant qu'on le transportait dans sa chambre sur un brancard : « Je ne me croyais pas, disait-il, capable de faire un pareil voyage. » Cette rentrée dans sa maison, au milieu des siens, lui parut très douce, et il disait : « Je ne pensais pas qu'on pût être si bien chez soi ! » Bientôt, son état s'aggrava. Ses idées étaient encore nettes, mais la parole s'embarrassait, et il devint presque impossible de le comprendre. Les soins les plus dévoués lui étaient donnés par sa fille adoptive, Mme de la Villerabel, heureuse, au milieu de sa douleur, de pouvoir faire encore quelque chose pour lui, et par ces excellentes sœurs de Saint-Charles qu'il avait connues auprès des blessés de l'hôpital. Nous eûmes la consolation de le revoir la veille de sa mort. Il était étendu dans son lit, le visage amaigri, d'une pâleur affreuse. Il ne pouvait plus parler, mais il avait encore toute sa lucidité d'esprit. Il voulut nous embrasser et nous fit, de la main, des adieux dans lesquels on sentait qu'il mettait tout son cœur. Un peu auparavant, sa femme, mettant son oreille tout près de ses lèvres pour essayer de saisir une réponse, lui avait dit : « Que voudriez-vous ? Que désirez-vous ? — Que Dieu vienne me chercher ! » Ce furent les dernières paroles que prononça ce grand chrétien.

Le jeudi, 16 octobre, huit jours après son retour, les siens s'aperçurent que la fin approchait et ne le quittèrent plus un instant. Tous les enfants vinrent dans sa chambre pour qu'il les bénît. Les plus jeunes durent se retirer. Mais l'aînée, Marie-Antoinette, resta jusqu'au bout auprès de son grand'père et elle reçut sa dernière caresse et sa dernière bénédiction. Le cher mourant voulait encore parler ; mais il ne pouvait se faire comprendre. Vers deux heures, il entra en agonie ; on récita près de lui les prières si belles de la liturgie et, à cinq heures, il rendait doucement son âme vaillante entre les mains de son Créateur.

Les funérailles furent très imposantes. De toutes parts, des parents, des amis, d'anciens compagnons d'armes accoururent pour lui rendre un dernier hommage et donner aux siens un témoignage de sympathie. Mgr l'évêque de Saint-Claude vint présider la cérémonie funèbre.

Les lettres de condoléances arrivèrent nombreuses. Elles expriment si parfaitement, en des termes divers, la profonde estime et la sincère affection que le général de Montenon, par les grandes qualités qu'il avait reçues de Dieu, et le noble usage qu'il en fit, a su inspirer à tous ceux qui l'ont connu que nous n'hésitons à en reproduire ici quelques-unes. Elles seront, nous semble-t-il, le complément naturel de notre travail.

***

Et maintenant, il nous paraîtrait vain de vouloir dessiner en raccourci — en manière d'épilogue — le portrait de ce grand serviteur de la France.

Que la simplicité d'un récit fidèle suffise à le révéler !

Aux jeunes hommes enthousiastes, qui rêvent de gloire militaire, nous osons proposer cette modeste biographie. Elle pourra leur apprendre en quoi consiste la vraie grandeur d'âme, et leur livrer le secret des vertus qui font le soldat et le grand chef.

APPENDICE[1]

Général Lyautey

Ma plus douloureuse et respectueuse sympathie, dans l'attachement si profond que je gardais au général, une des plus nobles figures que j'ai connues.

Paris, 20 octobre 1919.

Madame,

Je viens de recevoir à l'instant la fatale nouvelle . . . . de là un retard qui m'aurait été fort pénible si j'avais pu, comme je l'avais résolu, depuis votre départ de Paris, aller rendre le dernier devoir au magnifique soldat, au parfait honnête homme, à l'ami dont l'affection m'était si précieuse, mais je suis pris par la grippe . . . . la mémoire des belles qualités du cher disparu donne à votre cœur de chrétienne la grande consolation de sentir que le général de Montenon a pris place là-haut dans cette pléiade de grands cœurs que le Dieu des Armées réchauffe dans son sein.

Je mets à vos pieds, Madame. . . . .

Général Bizot.

Neublans (Jura), 19 octobre 1919.

Madame,

J'irai mardi, à Crissey, rendre mon dernier hommage au général de Montenon. Il fut le compagnon d'armes de toute ma vie, et l'un des plus magnifiques soldats de toute notre génération.

Sa mort me fait un vif chagrin et je vous prie d'agréer l'expression de mes regrets, et mes plus tristes compliments de condoléance.

Général de Broissia.

(1) Extrait des nombreuses lettres de condoléances envoyées à Mme de Montenon après la mort du général.

Sarrebruck, 22 octobre 1919

MADAME,

J'apprends aujourd'hui, par les journaux, la mort du général de Montenon. Permettez à un de ses anciens officiers de venir s'associer à votre douleur et de vous exprimer ses sentiments de respectueuse sympathie.

Dieu vient de rappeler à lui le chef vénéré, le soldat sublime dont le souvenir restera gravé dans la mémoire de tous ceux qui eurent l'honneur de servir sous ses ordres.

A un moment critique de ma carrière, il sut remonter mon moral défaillant, me rendant ainsi un service que je n'oublierai jamais.

Mes prières s'unissent aux vôtres, et daignez agréer. . . . .

Colonel DE VILLENEUVE.

23 octobre 1919.

MADAME,

J'apprends par un journal la mort du général de Montenon. Le général n'a pas été pour moi seulement un chef dont l'insigne bienveillance n'avait point cessé avec notre séparation, il était aussi l'exemple et le modèle accompli des plus hautes et plus sûres qualités militaires et je gardais pieusement le souvenir des années passées à Annecy sous ses ordres. Je considère comme un véritable devoir pour moi dans cette triste circonstance de vous adresser avec mes respectueux hommages l'expression de mes condoléances les plus profondes et les plus sincères.

Colonel DELAVAU,
Commandant militaire du Sud Tunisien.

La Vayssière, 1er mai 1920.

MADAME,

Veuillez agréer mes condoléances les plus vives et les plus sincères. Le souvenir de mon ancien colonel est resté très vivant dans ma mémoire. Sa perte me cause la peine la plus vive. Un si merveilleux militaire, un homme aussi droit et aussi loyal jouit à coup sûr actuellement de la récompense promise aux justes.

Que Dieu vous aide à supporter un deuil aussi cruel !

Veuillez agréer, Madame. . . . .

Colonel DE GISSAC.

Saujon, 27 avril 1920.

Madame,

Je vous remercie du fond du cœur d'avoir eu la pieuse pensée de m'associer à votre deuil.

Parmi les chefs de ma longue carrière d'officier, le général de Montenon émerge sans effort au-dessus de tous, par sa haute valeur morale. On ne savait ce qu'il fallait mettre au premier rang, du chrétien, du gentilhomme ou du soldat.

Toujours droit, donnant le noble exemple partout, il avait conquis, dès le premier contact, la confiance inébranlable des « Poilus » officiers et troupe. La belle 193e brigade, entraînée à tous égards, aux devoirs du front, sous l'ardente impulsion de son chef, a vécu jusqu'à sa dissolution sur les belles vertus ainsi acquises, non seulement au combat, mais encore aux heures troubles de 1917, sans un indice de défaillance et là alors, bien tardivement, on a mieux apprécié et jugé, le retrait brutal à Reims et sans ménagement préalable du commandement au général de Montenon.

Combien il eût été fier de voir son œuvre dans les journées poignantes de l'offensive de 1917 à Vrisny, à Laffaux et au Moulin !

Mais déjà à Sillery, les 19 et 20 octobre 1915, dans le premier geste de sa brigade il avait eu une première satisfaction, car ce sont ses deux régiments qui ont sauvé la situation.

Personnellement, je conserve à mon ancien chef le souvenir profondément reconnaissant d'avoir barré de sa haute autorité calme et impartiale les attaques perfides qui ont essayé de m'atteindre ou dans mon commandement ou dans mes responsabilités.

Et c'est ainsi, Madame, que je vous demande de prendre part à vos regrets et chagrins et de m'associer dans mes vives et respectueuses sympathies au grand deuil que vous portez.

Lieutenant-Colonel Dumolt.

Paris, 21 octobre 1919.

Madame,

J'ai trouvé en rentrant chez moi, à midi, le faire-part de la mort du général.

Si attendu qu'ait été le douloureux événement il ne m'en a pas moins été très pénible, et je tiens à vous redire toute la part que je prends à votre immense chagrin. Vous aurez eu la consolation de pouvoir entourer les derniers moments du général de toute l'affection que vous aviez pour lui et de le voir s'éteindre chez lui après avoir connu tant d'angoisses dans cette maison de santé.

Le général était de ceux qu'on n'oublie jamais et malgré l'éloignement j'avais conservé pour lui une admiration et une vénération que tous ceux qui ont eu l'honneur de servir sous ses ordres partageaient avec moi.

Je vous prie, Madame, de faire toutes mes condoléances à Madame de la Villerabel et d'agréer. . . . .

Commandant KIENER.

Sirot par Cluny (S.-et-L.), 27-10-19

MADAME,

C'est avec une profonde tristesse que j'ai appris vendredi par *L'Écho de Paris* la mort du général.

Vous savez le culte que j'avais pour lui et la vénération que je lui avais vouée ; il a subi au début de sa carrière militaire la défaite de 1870, il en a souffert plus que d'autres, et il a eu la joie sur la fin de sa vie de voir la revanche, à laquelle il a pris une large part. La mort de ce chef éminent est une perte sensible pour tous ceux qui, comme moi, ont eu l'honneur de servir sous ses ordres. Les années que j'ai passées auprès de lui ont été les meilleures de ma vie militaire et j'ai toujours regretté de n'avoir pu le suivre.

Veuillez agréer, Madame, pour vous et Madame de la Villerabel si cruellement éprouvée, mes douloureux et très respectueux hommages.

Commandant LAURAS.

LÉGATION DE FRANCE
EN SUÈDE
—

Stockholm, 28-10-19.

MADAME,

C'est par le journal que nous apprenons la nouvelle qui nous bouleverse alors que nous croyions le général en bonne voie de guérison. Notre peine est profonde. J'avais, pour ma part, reçu de si grandes preuves de sa bienveillance et je lui étais si profondément attaché ! Il inspirait à tous de la vénération pour ses admirables qualités de cœur ; mais pour moi, qui ai vécu près du général dans les plus belles heures de sa carrière, il restera le chef aimé et vénéré entre tous.

Je me sens impuissant à vous dire, Madame, combien je partage votre douleur, j'aurais voulu avoir la consolation de représenter aux obsèques ma chère 193e brigade ; mon éloignement de France ne m'aura jamais été aussi pénible qu'en cette circonstance.

Veuillez agréer, Madame, et faire agréer à Madame de la Villerabel, avec mes plus respectueux hommages, l'expression de mes condoléances les plus émues.

Capitaine MORAND-MONTEIL.

Beaurepaire, 25 octobre 1919.

MA CHÈRE COUSINE,

Le journal *Le Courrier de la Vienne* m'apprend à l'instant la mort de ce pauvre Henri. Je ne saurais exprimer le chagrin profond que j'en ressens ; c'est mon enfance, c'est ma jeunesse désagrégées avec les meilleurs souvenirs emportés. Je revois Henri à Poitiers, chez ses parents, qui m'ont tant gâté, je le revois à Saumur, engagé ; je l'ai suivi de plus loin mais toujours et partout, lors de sa si brillante conduite à la guerre, de son avancement si mérité qui de simple soldat le fit général. Tous les éloges lui sont dus ; je n'en ferai pas la nomenclature, elle serait trop longue, je citerai cependant que ce grand général était un bon chrétien. Sa dernière lettre, m'apprenant qu'il avait reçu les derniers sacrements, était celle d'un saint. Je l'en plaisantai alors ! comment s'inquiéter de l'état si grave annoncé par le malade lui-même ! Henri avait prévu juste, hélas !... Il a obtenu sa récompense maintenant et devient le protecteur au ciel de toute sa famille y compris en tête sa famille d'adoption ; et en prenant part à votre douleur, je prends part à celle de ma cousine de la Villerabel. Je m'intéresse à ses enfants ; je veux savoir plus tard comme ils ont bien tourné avec l'exemple de leur père et de leur grand-père adoptif qui souvent leur sera rappelé.

Je mets à vos pieds, ma chère cousine. . . . .

Comte DE BEAUREPAIRE.

Evêché d'Amiens, 18 octobre 1919.

CHÈRE MADAME,

Une dépêche de mon frère, venue d'Amiens, m'apprend la mort, hélas ! trop prévue du général . . . . . Le bon Dieu connaissait aussi sa vigueur morale, il a voulu par cette longue épreuve sanctifier une âme capable d'accumuler de rares mérites. Le général a été admirable pendant ces longs mois de souffrances. Moi-même j'ai constaté la sérénité avec laquelle il a accepté cette terrible épreuve de l'immobilité, qui répugnait à son tempérament très actif.

Je célébrerai la sainte messe pour le repos de son âme, et je prierai avec vous de tout cœur.

Agréez, chère Madame, l'expression de mes condoléances émues et de mon affectueux respect.

✝ ANDRÉ, *Evêque d'Amiens* (1).

Paris, le 25 octobre 1919.

MADAME,

Je suis bien touché des détails si intéressants et consolants que vous voulez bien me donner : une belle fin est vraiment le soir d'un beau jour, en même temps que l'aurore d'un jour bien plus beau encore et immortel. J'espère que vous vous reposez un peu, en confiance et en paix, pour la tâche qui vous reste encore près des chers enfants si aimés du général. Soyez assez bonne pour présenter mes respects à Madame de la Villerabel. Le Père Jalabert se joint à moi pour vous assurer de notre respectueux dévouement, en union de prières.

Léonce DE GRANDMAISON, S. J.

Bersaillin, 19 octobre 1919.

MADAME,

Je reçois seulement ce matin la lettre m'annonçant la mort du général. Vous ne doutez pas de la part que je prends à votre douleur, et de mes regrets de voir disparaître une personnalité aussi éminente, et qui aurait pu rendre encore de réels services à notre pays, comme il l'avait fait pendant toute sa vie. Elle a été si bien remplie, et Dieu ne lui a pas épargné non plus la souffrance, qu'il a supportée avec le courage d'un soldat et la résignation d'un chrétien.

(1) Lettre de Monseigneur du Bois de la Villerabel, nommé depuis archevêque de Rouen, primat de Normandie, cousin germain de Monseigneur Florent de la Villerabel, évêque d'Annecy, frère du comte de la Villerabel, dont il est parlé dans cette notice.

S'il n'a pas encore reçu la récompense, vous pouvez avoir l'assurance que Dieu dans sa miséricorde la lui accordera bientôt.

Veuillez, Madame, être auprès de Madame de la Villerabel l'interprète de mes sentiments de condoléances, et agréer l'assurance de ma respectueuse sympathie.

FROISSARD.

Je me rendrai mardi à Crissey pour assister aux obsèques du général, et pour tenir un coin du drap mortuaire, comme vous m'avez fait l'honneur de me le demander.

Allerey (Saône-et-Loire), 22 octobre 1919.

MADAME,

Je rentre aujourd'hui d'un voyage à Paris avec ma femme et c'est avec émotion que nous recevons l'annonce de la mort du général. Nous vous exprimons nos sincères et plus respectueuses condoléances pour cette perte douloureuse.

Nous ne manquerons pas de prier pour celui que vous pleurez et qui restera pour moi comme pour tous ceux qui l'ont connu un beau modèle de chrétien et de soldat. Sa belle franchise de caractère et son indépendance pour tout ce qui touchait à la liberté de conscience l'ont empêché d'obtenir dans la carrière militaire qu'il aimait tant toutes les satisfactions qu'il méritait à tous les égards. C'est un grand honneur pour lui d'avoir souffert pour ses convictions religieuses.

Veuillez agréer, Madame, avec l'expression de la douloureuse sympathie de ma femme, l'hommage de mon dévouement le plus respectueux.

Comte M. DE MAISTRE.

Montmirey-la-Ville.

MADAME,

Permettez-moi de vous dire combien j'ai été désolé d'apprendre le deuil si cruel qui vous frappe et de l'apprendre trop tard pour pouvoir aller vous dire combien je prends part à votre douleur et à celle de Madame de la Villerabel.

Ma mère a dû vous dire que j'étais en voyage et impossible à atteindre.

J'avais pour le général la plus profonde estime et une véritable vénération. Peu d'hommes ont eu comme lui le sentiment du devoir :

son intransigeance sur les principes n'excluait pas la tolérance pour les autres et sa bonté était grande.

Quelle magnifique figure de soldat, et cela était un vrai réconfort de penser à lui quand on se sentait un peu isolé, face à l'ennemi, pendant ces quatre années d'affreuse guerre. Permettez-moi aussi de vous rappeler l'émotion toute militaire que j'ai affectueusement ressentie la dernière fois que j'ai vu le général dans mon cher vieux collège cette année. Je prie Dieu pour lui et Lui demande aussi de consoler celles qu'il laisse après lui.

Veuillez agréer, etc. D'ALIGNY.

Le Deschaux, 28 octobre 1919.

CHÈRE MADAME,

Je ne veux pas tarder à vous dire tous mes regrets de n'avoir pu accompagner ma fille mardi.

Je sais qu'elle vous a déjà parlé de toute la part que je prends à votre si légitime douleur.

Je tiens cependant à vous exprimer moi-même combien la perte de Monsieur de Montenon est sentie tout spécialement par nous qui avions su apprécier les grandes qualités du général.

Que les grands exemples donnés par celui que vous pleurez soient suivis par beaucoup, c'est le souhait que nous pouvons faire pour le salut de la France . . . .
. . . .

Veuillez agréer, chère Madame, l'assurance de mes sentiments les plus affectueux et compatissants, vous priant d'être mon interprète auprès de Madame de la Villerabel.

Raincourt, Marquise DE VAULCHIER.

Paris, 20 octobre 1919.

CHÈRE MADAME,

. . . .
. . . .

Je tiens à vous dire la part très grande et très sincère que nous prenons à votre douleur ; celui que vous pleurez était bon, aimable, accueillant, il fut un vaillant parmi les vaillants et tous les Dolois partageront vos regrets.

. . . .
. . . .

Nous vous envoyons tous les deux l'assurance de nos profondes condoléances, vous demandant de les partager avec Madame de la Villerabel, qui perd en lui un soutien et une affection si touchante et si dévouée dont elle avait besoin après la perte si dure de son héroïque mari ! . . . .

. . . .

Veuillez agréer, Madame, etc...

BEAUCHAMP WALL.

Saint-Loup par Saurigney (Haute-Saône), 28 octobre.

CHÈRE MADAME,

Je viens vous dire, à vous et à Madame de la Villerabel, avec quelle peine nous avons appris la mort du général. . . . .

. . . .

. . . .

C'est une si belle figure de soldat qui disparait, en emportant l'estime, l'admiration et l'affection de tous. Pendant toute sa vie militaire, il a été un exemple, et pendant la guerre il s'est donné de nouveau sans compter à toutes les œuvres, y apportant son zèle, son dévouement et son intelligence. Vous devez être fière de lui, Madame. Il a pu quitter ce monde en paix après une vie si remplie et Dieu récompense certainement « ce bon et fidèle serviteur de sa cause » . . . .

. . . .

. . . .

Croyez, Madame . . . .

ALIGNY MENTHON.

Rochefort, 26 octobre 1919.

MADAME,

. . . .

. . . .

Je conserverai toujours pieusement gravé dans ma mémoire le souvenir du général et, dans ma tristesse, je suis heureux d'avoir pu recueillir à mon dernier passage à Paris, peu de temps, hélas ! avant sa mort, son dernier regard — ce regard à l'expression si bienveillante, si loyale, si jeune encore, ce regard de chef, que l'on n'oublie pas.

Le véritable martyre qu'il a enduré avec patience, ces derniers mois, termine d'une façon bien poignante et admirable une carrière qui m'a toujours si profondément impressionné et qui, pleine de droiture et de dévouement au pays, s'encadre entre ces deux dates : l'épopée héroïque de Sedan et la mise au service de la grande guerre de sa vieillesse si verte encore et de sa haute valeur militaire.

. . . .

. . . .

Je vous prie d'agréer, Madame, etc.

H. CRETIN.

TABLE DES MATIÈRES

Imprimerie Jacques et Demontrond — Besançon

www.ingramcontent.com/pod-product-compliance
Ingram Content Group UK Ltd.
Pitfield, Milton Keynes, MK11 3LW, UK
UKHW020927180726
13838UKWH00002B/796

9 782329 044774